希望

ひとは必ず救われる

越前　喜六 編著

教友社

巻頭言

栄光の希望であるキリストに仕えるために

イエズス会日本管区管区長　梶山　義夫

「神様は人間を成長させるために　高い壁をつくるけど
乗り越えられない壁はつくらない
人生って　何度もあるものじゃないし　一度きりだし
自分の力を信じて　進め」

昨年一〇月三〇日の夜、出張から帰り、四ツ谷駅麹町口で信号を待っている間、この歌詞が飛び込んできた。笠井俊佑さんというシンガーソングライターが路上ライブをしていて、彼の『Success story』の一節だった。昨年還暦を迎え、成長と言われても困惑を覚えるが、なぜかこの歌詞が心に留まった。今までの人生を振り返ってみると、自分が壁をいくつか経験し、そのたびに人生は一度きりだからこの人生を大切にしようという思いが生まれてきた。また自分の力、自分が持っているものは、すべて与えられたものなのだから、与えた方を信じ、与えられたものを信頼するしかないという経験である。信じることや信頼することによってはじめて、希望が生まれることも確かである。

イエスの生涯を思い起こすと、留まる場所がない生活、ホームレスの状態であった。幼年期物語では、イエスの誕生の際、「宿屋には彼らの泊まる場所がなく」（ルカ2・7）、その後もエジプトに寄留する生活を送ったとされる（マタ2・13―15）。イエスがヨハネから洗礼を受けた後は、「『あの男は気が変になっている』と言われ」（マコ3・21）、「民から受け入れられない」（ヨハ1・11）生き方であり、「狐には穴があり、空の鳥には巣がある。だが、人の子には枕する所もない」（ルカ9・58）日々であった。同時に「見なさい。ここにわたしの母、わたしの兄弟がいる。神の御心を行う人こそ、わたしの兄弟、姉妹、また母なのだ」（マコ3・34―35）という神のいつくしみの実現を志す人々の交わりに生きた日々であり、「ただで受けたのだから、ただで与えなさい。帯の中に金貨も銀貨も銅貨も入れていってはならない。旅には袋も二枚の下着も、履物も杖も持って行ってはならない」（マタ10・8―10）という生活を自ら送り、また弟子たちにも求めた生き方だった。この生き方を根底から支えているものは、「『何を食べようか』『何を飲もうか』と言って思い悩むな。……明日のことまで思い悩むな」（マタ6・31、34）と言って、「求める者には良い物をくださる」（マタ7・11）神のいつくしみに全面的に信頼しながら、「神の国と神の義を求める」（マタ6・33）ことのみを希望する生き方であった。

キリストに従って生きようとする者、特に奉献生活者にとって、イエスのこのホームレス状態の生き様こそが最も規範的な生き方であり、また希望に満ちて証ししなければならないことがらである。そしてこの徹底した生き方こそ、現代社会と教会において求められる生き方である。この希望に満ちた生き方を最も誠実に生きた人の一人が、アシジのフランシスコである。それゆえ、現教皇が選出された際にフランシスコの名を選んだのだろう。ロヨラのイグナチオも巡礼者として生きたし、フランシスコ・ザビエルも留まることなく使徒として旅を続けた。彼らの生き方を活かしていたものは、信仰から生まれる希望であり、また希望から生まれる喜びであった。また信仰と希望と喜びを日々の生活で支えていたものは、日々の十字架を担う忍耐であった。彼らは、主の霊の働きにより「鏡のように主の栄光を映し出しながら、栄光から栄光へと、主と同じ姿に造りかえられていく」（二コリ3・18）人生を忍耐強く歩んだのである。

聖人たちと同じく、私たちもイエスの生き方を忍耐強く証しすることができるように願っている。

「わたしたちは、祈りの度に、あなたがたのことを思い起こして、あなたがた一同のことをいつも神に感謝しています。あなたがたが信仰によって働き、愛のために労苦し、また、わたしたちの主イエス・キリストに対する、希望を持って忍耐していることを、わたしたちは絶えず父である神の御前で心に留めているのです」（一テサ1・2―3）。

まえがき

二一世紀は、平和な時代になるだろうと期待し、修道院の個室の窓から空の青空を眺めながら祈ったものだが、現実は紛争と混乱と困窮の世の中になってしまった。責任や責めは悪人のわたしにあるだろうと懺悔はしているが、どうしたものだろうかと思い悩んでいる。現代こそ「希望」が必要なのではないだろうか。それには宗教も覚醒しなければならないのではないだろうか。人々に希望を与えるのは、宗教の役割ではないだろうか。人と社会と世界が宇宙の根源的ないのちに意識的につながるには、宗教の導きが必要だからである。

さて、ローマ・カトリック教会の教えには、生けるパーソナルな神（主なる神）、すなわち父と子と聖霊という三位一体の神と個人的に交わる仕方、すなわち祈りというものがある。「祈り」に関しては、すでに二〇一四年に発売元の教友社から出版されているので、ご覧になれば参考になると思う。神に祈るとき、信者はどういう心構えや態度を取るだろうか。端的にいえば、まず神を信仰し、神に依り頼み、神を愛しながら、感謝と賛美、懺悔と祈願を捧げるにちがいない。そうした私たちの祈りを、主なる神は喜ばれ、必ず恵みと祝福をお与えになられる。よく日本人の中には、「心だに誠の道にかないなば、祈らずとても神は守らん」という道歌を引用して、祈りの不要論を唱える人がいるが、その考え方は間違っていると思う。むろん、神はすべての人に溢れるほど恵みを与えておられる。神はすべてであられ、あらゆる良きものを与えておられる。けれども、人間は人形ではない。知恵と自由のある人格である。たとえ、人は神の被造物であるとしても、「神の似像」（創一・二六）として創造された以上、人格の自由（選択）を侵害することはない。仮にある人が、わたしは神を信じないと考えていれば、神は「有る」から、存在するけれども、神がいない（不在）という現実を経験するであろう。だから、祈りの結果を経験したければ、祈りをするしかないのである。この法則は、人の意識や思念が創造する力を持っていることを表している。そこで、信念や希望の重要性が認識されるのである。単なる夢は、実現しないが、信念に基づく希望、すなわちこうすれば将来に必ずより良いことが実現するという期待に満ちた確信は成就するであろう。

本書は、教皇フランシスコが、二〇一六年を「いつくしみの特別聖年」とされたことに呼応するとともに、カトリックの伝統的な対神徳（たいしんとく）である「信仰」・「希望」・「愛」の教えにならって、名づけたものである。

教皇の特別教書は、神のいつくしみについて、懇切丁寧に解説すると共に、現代の教会や社会の人々に、もっと主なる神の私たち人類に対する無償で無条件できめ細やかな深いパーソナルな愛を思い起こしてほしいという熱情を感じさせる素晴らしい教書である。「神のいつくしみ」について、すでに言及したことであるが、改めてわたしの印象を申し上げておきたい。

なぜ神の憐れみではなくて、慈しみであるのか? ラテン語の misericordia（ミセリコルディア）は普通、同情、憐れみという意味である（『改訂版羅和辞典』水谷智洋編、研究社、二〇〇九年、三九八頁）。憐れみとはいうまでもなく、悲惨な状況にある人々に対する同情の念である。しかし、慈しみというとき、その感情や心構えは単なる憐れみとは違う。わかりやすくいえば、慈しみの感情には、あなたは素晴らしい、あなたを尊敬する、あなたが大好きだから一緒にいたいといった情愛が込められているのである。神は、そういう慈愛の思いで、すべての人をご覧になっておられるのだ。そのことを信じ、想起し、実感するならば、救われるであろう。

さて、教友社の編集に従い、最初に掲載されている越前喜六師の「福音は希望の源泉」という論考は、キリスト者としての筆者自身の信仰体験をもとに、究極の希望は、天（神）から差し伸べられる御手に縋りながら、究極の幸福に向かって上昇していくことだ、と説いたものである。

高柳俊一師の「希望に生かされ／希望を生きる――キリスト教的生き方のパラダイム」は、文学者であり、神学の素養の深い筆者が、トマス・アクィナス、ダンテ、ガブリエル・マルセル、ジョン・バニヤン、ゲーテ、パスカル、エルンスト・ブロッホ、聖書などの作家や作品を縦横に引用し、考察しながら、希望の重要さを論じたものである。

ホアン・アイダル師の「善い行いと希望」は、哲学者として筆者自身の信仰史を紹介しながら、現代のユダヤ人思想家、ヴォルター・ベンヤミン（一八九二―一九四〇）の歴史の意味や善業の問題に関する思想を紹介し、そこから希望の論評をしている。最後の「歴史が善良な人々の行為を審判するのではなく、善良な人々が歴史を裁定するのだ」というベンヤミンの思想は、ヘーゲルの歴史哲学をひっくり返すほどの迫力のある言葉だと思う。

竹内修一師は、倫理神学者であるが、「希望の歳時記」という文学的なタイトルの下、春―いのちの再生、夏―夕立の記憶、秋―収穫の喜び、冬―光への憧れという小見出しをつけながら、文学作品、歴史の故事などを引用して、「希望は、信頼と期待に基づくまだ見ることのできないものに対する待望である」と優しく説いている。

ホアン・マシア師の「希望の倫理」は、倫理神学者として、さまざまな角度から希望の倫理を論じたものである。「『～なるべき』か『～なりたいか』」、「未来へと飛躍する人間」、

「生き方の道標」、「イエスの慈愛は掟ではなく、希望」という小見出しのもと、希望の力強さを多角的に述べている。

具正謨師は、典礼神学者であるが、本稿はカトリック教会の七つの秘跡の一つ、「病者の塗油」を取り上げ、それが重病者に永遠のいのちへの希望を確実に与える効果的なしるしであることを説明し、これによって病者がどれほど生きる希望と意欲が与えられるかを聖書と神学と司牧の面から丁寧に論述したものである。

鈴木伸国師の「迷いのなかの希望」は、若手の哲学者として、現代の若者に接触する中で感じ、考えたことを、「現代の『夢』と『希望』の虚ろさ」、「希望のない幸せ」、「迷いのなかの希望」、「信仰・信頼と希望」という視点の下に、論述したものである。

レンゾ・デ・ルカ師は、キリシタン史家として、また長崎の日本二十六聖人記念館館長として、長年にわたりキリシタンの研究をしておられる。その研究成果の一端として、キリシタン時代の希望は、「頼もしき心」であったと説いている。

イエズス会員以外の筆者としては、今回三名を挙げている。

最初に、太瑞知見師は、長崎の島原半島の口之津にある曹洞宗の玉峰寺の住職で、薬剤師である。師の「雪にみた希望」は、雪の珍しい長崎人として、筆者自身の感想を交えながら、禅宗、特に道元禅師や白隠禅師の言葉に言及されている。合わせてそれに薬剤師としての専門的な知見を加えた希望に関する楽しいエッセイとなっている。

岡野絵里子氏は、詩人であり、カトリック信者である。詩人として、またキリスト者として「希望」をどうとらえるのか。多くの詩人の作品（詩）を通して、希望とは何かを探る。詩人は日本ではあまり尊敬され、評価されているとは言えないが、ヨーロッパのキリスト教文化圏では、神学者と詩人は最高に尊敬されていると聞く。そして、実際多くの聖人や神秘家の書いた物を読むと、極めて詩的な文章で書かれていることがわかる。眼に見えない霊的現実は、感情と直観でしか捉えられないものであるといえる。

武立廣氏は、信徒ではないが、長年にわたる企業人、会社人として現実の社会を生々しく生きてこられた。その上、非常に好学心に富み、学問、芸術、技術に精通しておられる。その立場から、希望をどう捉えているかを執筆してもらった。「希望という名の人生（Life named Hope）」は、氏の蘊蓄を傾けた興味深い文章である。

お寿司屋の掛け軸に、よく「先憂後楽（せんゆうこうらく）」という揮毫があることがある。嫌なことは先に済ませ、楽しみは後に回しておく、といった意味であると思うが、わたしの生き方は、まさに先憂後楽である。馬が鼻の前の人参を食べようと走るように、人間も希望があるから人生を進んでいくのではないだろうか。だが、問題はどんな希望を抱いているかではないだろうか。希望なら何でもよいというものではないだろう。

人はやがて死ぬ。死んだ後、何があるのか不明であるが、虚無になるわけではない。何を拠り所に、何を信じ、何を望み、何を愛するのかによって、死後の自己を創造するのではないだろうかと考える。最高の希望、それは神と共にあるわが家（天国）に帰ることではないだろうか。一人でも多くの読者が、本書を読んで、素晴らしい希望に生きていかれることを念ずるものである。

最後に、筆者の皆様に心から感謝しながら、編者としての感想をこめて、まえがきとした。

二〇一六（平成二十八）年十一月一日　諸聖人の祭日

編著者

目次

巻頭言　3
まえがき　6

第1部　イエズス会士の語る「希望」

福音は希望の源泉……越前喜六　18
希望に生かされ／希望を生きる
――キリスト教的生き方のパラダイム……高柳俊一　54
善い行いと希望……ホアン・アイダル　90
希望の歳時記……竹内修一　118
希望の倫理……ホアン・マシア　147

「病者の塗油」に見られる希望……………………………………具　正謨　176
迷いのなかの希望………………………………………………鈴木　伸国　201
「頼もしき心」、キリシタン時代の希望…………………レンゾ・デ・ルカ　224

第2部　さまざまな立場から語られる「希望」

雪にみた希望…………………………………………………太瑞　知見　238
詩と希望………………………………………………………岡野　絵里子　269
希望という名の人生（Life named Hope）……………………武立　廣　301

あとがき　333

第1部　イエズス会士の語る「希望」

福音は希望の源泉

越前　喜六

希望があれば生きられる

最近、知人の学者から贈られてきた新刊書の帯に、「愛がなければ生きていけない。希望がなければ、生きていく甲斐がない」という素晴らしい言葉があった。愛に関しては、二〇一五年に『愛――すべてに勝るもの』という編著書を本社より刊行している。お読みになって愛とは何であるか本当にわかってほしい。精神分析学者のエリッヒ・フロム（Erich Fromm, 1900-1980）が『愛するということ』（紀伊国屋書店）の中で繰り返し、「愛は学ぶものである」と主張していることに、わたしは賛成である。愛を学び、愛を実践するなら、「神が愛であり、生命とは愛にほかならず、万物すべてが愛から発し、愛に帰する」ことがわかるだろう。

今回は、人生を生きる原動力ともいうべき「希望」について論じ、語ることにしたいと思う。一九六〇年代の後半に、わたしはある大学の教員として、学生に「人間学」という科目を講じていた。その時代、「生きがい」という言葉が流行っていた。生きがいというのは、生きる意味や生きる目的など、人生の根本問題と密接につながっている。わたしは、オーストリアの心理学者で精神科医のヴィクトール・E・フランクル（V. E. Frankl, 1905–1997）が、第二次世界大戦中、ユダヤ人であったがためナチスによってアウシュヴィッツの強制収容所に収容された時の体験記『夜と霧』（霜山徳爾訳、みすず書房、一九五六）を読んで感動したことがある。それで、学生にも授業でこの本を紹介した。

その中で、フランクルは、厳寒の朝まだき、強制労働に駆り立てられて歩いているときに、友人の言葉をきっかけに、彼の前に妻の面影が立つのをはっきり見たと書いている。そのとき彼は、献身的で優しく美しい妻をどれほど愛していたかを想起し、心が深い慰めと平安と喜びに満たされるのを体験した。この経験を基に彼は、その著書の中で、人はどんな極限状況にあっても、意識の中で愛と平和と喜びの想い出、つまり想念があるだけでも、希望が湧いてきて、生きることができると書いている。その時、妻はすでにガス室で殺されていたのである（同書一二二―四頁参照）が、フランクルはそれを知らなかった。妻の面影を心の眼で見、一緒に楽しく暮らした結婚生活を想い出すだけで、心がこれほど愛と幸せに満たされるという体験から、彼は強制収容所から解放された後、精神科医として、「意味への意思」が生きる原動力になっていることを臨床的にも実証したのである。つまり人は、人生のどんなひどい状況にあっても、その意味や価値がわかっている場合、前向きの姿勢、すなわち希望を持って生きることができるというのである。

たとえば、僭越だがわたし自身の例を語ることをお許し願いたい。わたしは、十人兄弟（男子八名、女子二名）の末っ子として、東北の小さな町に育った。両親、特に母親はわたしが赤ん坊のときに亡くなっていたので、大家族の中で育ったというけれども、子どもの時からひとりぼっちであった。家族があっても、日頃、兄や姉が弟を可愛がり、話しかけてくれなければ、下の子はひとり孤独の中で淋しい思いをしていることを知ってほしいと思う。それで、わたしは子どものときから、生きることが虚しく、無常を強く感じていた。学校に行ってもつまらなく、終わるとすぐ下校した。学校から帰っても、独り部屋に閉じこもって、本を読んでいた。家が本屋だったからである。こうして、生きることの意味もわからず、希望もなく、万事つまらないと思いながら、一〇歳の小学四年生まで過ごした。しかし、この年に父親が亡くなった。淋しいというより、生きる拠り所がどこにも無いような空虚感を覚えた。

こういう心理的などん底に陥った時、神が憐れみと慈しみの眼差しを向けてくれたのではないかと思うが、当時、カトリックの専門学校に行っていた二番目の姉が、神と天国が存在することを話してくれた。それを聞いて、わたしは素直に信じた。そこで、姉から貰った『聖教の本』という子ども向きの要理書を夢中になって読んだ。そして、そこに書かれている教えはみな本当だと信じた。そこで次に考えたことは、ではどうしたら天国に救われることができるかという問題であった。それでとにかく祈ることにした。「神さま、惨めなわたしを憐れんでください。どうしたら天国に行けるかを教えてください。どうか弱く、貧しく、寂しいわたしを憐れみ、助けてください」と熱心に祈った。その当時、わたしの町には、教会もなく信者もいなかったので、まったく孤独の中でただ神を思い、祈り続けるしかなかった。今から考えると、わたしがこうしたことをしようと思い、そして実際に実践できたのは、まったく神の恵みと導きであったと確信する。

その時からわたしは、「神にのみ　頼りて生きる　われなれば　ただ祈りつつ　仕事に励む」という歌を短冊に書いて部屋に架けている。神を拠り所にすることができたので、相変わらず不安や無常を感じてはいても、天国という究極の目的ができたことで、孤独の中でも前を向いて生きる希望が湧いてきたのではないかと思う。神に感謝するばかりである。換言すれば、神が必ずわたしを救ってくださる、ということが信じられたから、孤独も貧乏も病いも死も恐れず、希望と勇気をもって生きていくことができたのではないかと思う。さらに、人生の究極の目的が、天国（神の国）に帰ることであるということがわかれば、希望をもって生きられるであろう。この問題について、実に良い書物がある。のちほど、その本のさわりに言及するつもりである。ニール・ドナルド・ウォルシュ著『神へ帰る（Home with God）』（文庫版、吉田利子訳、サンマーク出版、二〇一二）である。

さて、聖書によると、救いの希望について、パウロはこう書いている。「被造物だけでなく、〝霊〟の初穂をいただいているわたしたちも、神の子とされること、つまり、体の贖われることを、心の中でうめきながら待ち望んでいます。わたしたちは、このような希望によって救われているのです。見えるものに対する希望は希望ではありません。現に見ているものをだれがなお望むでしょうか。わたしたちは、目に見えないものを望んでいるなら、忍耐して待ち望むのです」（ロマ8・23―25）と。〝霊〟とは、聖霊のことであろう。パウロは、希望の本質を見事に表現している。まず、わたしたち人間は、今の体の復活を含め、いつか（世の終わりとキリスト教は告げる）必ず、神の家に神の子として帰るという。それは、神の御子イエス・キリストの死と復活の出来事による、神の無償で無条件の愛の恩恵であり、賜物である。人間は、ただその真実、すなわち神は必ずすべての人を永遠のいのちに救われるということを然り（本当だ）と信じて、待ち望んでいればいいのである。

望んでいることが、手に入ることが希望ではない。欲望と希望は違う。欲望というのは、欠乏しているものを満たそうとする衝動である。物質的なものは、欲すれば手に入るかもしれない。飢えているなら、食欲を満たす食べ物を摂取すればよい。寒いなら、何か着る物を羽織ればよい。眠いなら、どこか眠れる場所を見つければよい。こうして衣食住の欲求を満たすことは、希望するとはいわないだろう。アメリカの心理学者、A・H・マズロー（Abraham H・Maslow, 1908–1970）は、欲求五段階説を唱え、大きな影響を与えた。彼の説によれば、四つの欠乏的な基本的欲求、①生理的欲求（例、空気・水・食物・庇護・睡眠・性など衣食住）、②安全と安定への欲求（例、心身の危険からの保護・経済的安定など）、③所属と愛の欲求（社会的な動物である人間は、なんらかの集団に帰属することを欲する。また、愛し愛されることを根本的に希求する）、④自尊欲求（承認と尊敬を求める欲求で、他者から、認められ、尊敬されたいと願う。また、プライドを持ち、自尊心を満足させたいと望む）が、他者や環境によって、相対的に（七、八分位の満足で充分）満足させられる状態が比較的長く、恒常的に持続するとき、最後に、五番目の自己実現の衝動が、意識に昇ってくるという（『人間性の心理学』産能大出版部）。

この自己実現の欲求、さらに自己超越の欲求というのは、生来、人間性に潜む可能態としての能力にほかならない。それを開花し、実現したいという衝動が意識に昇るのは、下位の欲求がある程度満足させられて初めて意識されるという。多分、自然法則的にはそうかもしれない。しかし、子どもの時の自分自身を振り返ると、欠乏欲求が満足されていなくても、神への憧憬や天国への渇望が感じられた。そこからわたしが考えることは、子どもはみな宗教心が篤いので、たとえば神や天使や天国や祈りの話をすると、大人以上に霊的な事柄に関心を持つ。けれども、それだけで人格の成長や成熟が果たせたとはいえないだろう。やはり、人間は人間らしく成長していかなければならないのである。

人間は、キリスト教によれば、神の被造物であるが、「神の似像《じぞう》」（創1・26）として、「極めて良かった」（創1・31）と創造主なる神が感嘆されたほど素晴らしい存在である。かかる人間の尊厳性と価値は、永久に不滅である。

なお、人間学的にいえば、人間は、「魂〈ギ〉プネウマ）」と「心（ヌース、プシュケ、精神）」と「体（ソーマ）」から成り立っている生命体であり、三位一体的な構造を有している。簡単に説明すると、わたしという自己意識がある「魂」は、霊であり、わたしという人格の中核をなし、生命の原理であり、不滅である。感情のはたらき・作用をしている「心（感情）」や思考・理解・推理など知性のはたらきをしている「精神」は、行為や活動をする「体」とともに、魂の道具であり、手段にほかならない。だから、これまでのルネ・デカルト（René Descartes, 1596–1650）の霊肉二元論が克服され、人間が三分法で見られるようになった。これは喜ばしい進歩である。ゆえに、魂（「神の種」〈一ヨハ3・9〉を宿す）を中核に、手段や道具としての心・精神や体がそれぞれの機能を発揮して、魂との調和した成長・発達を遂げるとき、人は真の成熟に達することができるであろう。デカルトのいう霊肉二元論は間違いである。正しくは、魂・心・体の三分法というべきであろう。が、実相は分別智で理解することはできまい。不一不二、不即不離の関係にあるから、二つであって、二つではなく、一つであって、一つではない。離れているが離れていない。イコールであってイコールではない。神と人間の関係もそうである。その関係を本当に知りたければ、悟るしかないであろう。

だから、本当に成熟した人格に成長したければ、A・H・マズローのいうように、まず下位の欲求から順に上位の欲求へと段階的に満足させていかなければなるまい。聖人たちの人格は、老若男女を問わず、みな自然性と超自然性（恩恵性）の調和を示している。それはいみじくも、聖トマス・アクィナス（Thomas Aquinas, 1225(27)-74）が、『神学大全』の中で、「恩恵は自然を破壊せず、それを前提にして、完成する〈ラ〉Gratia non destruit naturam, et praesupponit eam, et perficit eam.」と提起された命題の真理性を証していると思う。神が創造された自然界は、それ自体として完璧に美しい（創1・31参照）。しかし被造物は、霊界、生命界、自然界を含め、みな進化・発達の法則に従って運動し、進展しているのである。

わたしが小さいときに神を信じ、祈ったとしても、それが人間としてのわたしの成熟につながっていくためには、段階的な成長・発達のプロセスが必要であった。その意味で、たとえば社会で満四年間、出版業に携わったこと、その後、ラテン語の学習のためJ大学に入学し、寮生活をしたこと、それから修道会に入会し、司祭職に召され、神父としての活動をしていることも、わたしの成長・発達のプロセスに関係しているといえる。

ともあれ、マズローがいう自己実現の欲求というのは、人間性の内側に遺伝子（DNA）としてインプットされている可能性の開花・発展への衝動であるから、高次動機ともいえよう。希望といってもよいかもしれない。桜の芽が春になると、開花しようとするのは、桜の木に潜む希望のはたらきではないだろうか。人は、未来に向け、実現できるという信念と共に、実現できたらなんと素晴らしいことだろうかという希望が原動力になって、生き、動き、はたらいているのではないだろうか。

今から七〇年前の戦後、わたしは、東京の神田淡路町で、信友社という兄が長野市で経営する出版社の所長として、主に若者向けの書籍や雑誌の出版に携わっていた。当時の神田は今とそんなに変わらないが、大学と古本屋と南京虫の街であった。けれども知的雰囲気のある街で好きだった。その時期、編集長として大勢の作家や知識人にお会いすることができたのは、最高の想い出の一つになっている。さて、その中に、日本出版協会の会長であった石井満先生がいらした。当時、新宿の西口に精華学園という女学校があった。そこの理事長もなさっておられた。ちなみに、その学園の生徒にあの有名な美空ひばりがいた。理事長のお祝いの日に、彼女が教職員・生徒を代表して、花束を石井先生に贈呈された。その式典にわたしも招待され、目の前で美空ひばりを見たが、石井先生が前におっしゃっていたように、彼女が会場に入ってくると、花が咲いたようにぱっと明るくなった。オーラがあるというのだろうか。ともあれ、その石井満先生は、大変な雄弁家であった。ある時、中野公会堂で先生の講演があるというので、招かれた。そのときの講演に圧倒された。なぜかというと、その講演で石井先生は、間もなく人間が宇宙に滞在するようになるでしょう、というお話をされたからである。すごいと思ったが、まさかと思った。それが先生のお話どおり、それから数十年後に見事に宇宙ステーションとして実現したのだから驚くのも当たり前であろう。こういうのを希望というのではないだろうか。

将来や未来に、何か素晴らしいことが起こると期待され、そしてそれが間違いなく実現されると確信することができるなら、忍耐して待ち望むのではないだろうか。こうした精神的心構えや態度を「希望」というのである。

なぜ今の日本人には希望が乏しいのか

わたしは満州事変（一九三一〈昭和六〉）の年に生まれ、シナ事変（一九三七〈昭和一二〉）の年に小学校に上り、大東亜戦争（後に太平洋戦争とかわる。一九四一〈昭和一六〉―一九四五〈昭和二〇〉）の時に旧制中学校の生徒であった。戦争の悲惨さや困窮について改めて述べるつもりはないが、時代のどん底に生まれ、育ち、成長したことについて、神を恨まなかったといえば嘘になるだろう。中学三年のとき、ある山奥の銅山でクラス四〇名の生徒と共に勤労動員に携わっていたが、食べ物も少なく、激しい労働で、へとへとに疲れていたので、神さまにもう祈ることを止めます、と言った。すると、肉体以上の想像を絶する霊的苦悶を受けることになった。そこですぐ悔悛し、どんなに疲れていても、眠る前に布団の中で祈った。すると苦悶は去っていった。

信者になってから、また、修道院に入ってから、そして神父に叙階されてからも、苦しみや哀しみが沢山あった。けれども、あの苦悶ほどの辛いことはなかったといえる。地獄の経験とはこういうことなのではないかと思った。

さて、戦後は日本全体が、敗戦のため、物質的にも精神的にも貧窮のどん底にあった。そして、当時の風潮では、犯罪も病苦もその他の不幸も、その原因はすべて「貧窮」にあるとされた。だから、共産主義的な思想も一種の救済思想として広まったような感じがする。戦時中も戦後しばらくも、国家社会主義的な施政が行われていた。例えば統制経済である。その一例が配給制度であった。当時は食券をもって、食堂に入ったものだ。分配の正義がその根底にあったと思う。が、わたしの結論だが、物資が少ないときは、分配の正義が有効であるが、平等や分配の思想は、生産性の向上にはつながらないのだ。わたしは哲学科の大学生のときに、卒業論文に「マルクス主義」を選んだので、それなりに文献を読み、勉強した。目的は、むろんカトリック信仰の立場から批判するためであった。カトリック側がマルクス(Karl H・Marx, 1818–1883)やエンゲルス(Friedrich Engels, 1820–1895)の主義を批判するのは、簡単にいうと、無神論、唯物論、私有財産の否定などが、神・宇宙・社会の秩序や法則に反するからである。換言すれば、真理に反するからだ。

神は、すべての「有る」(出3・14)であると同時に、被造物を超越する無限・永遠のパーソナルなゴッド(神)である。だから、無神論というのは無智の産物にすぎない。物質と魂が、霊肉二元論で、完全に別々のものだと考えていたが、ある書物を読んでその誤りに気づいた。生命はエネルギーにほかならない。そのエネルギーの濃淡、結合・分離、さまざまな運動の度合いによって、実体に見える物質的存在や霊的存在になって現れるというのである。少しむずかしいが引用する。

家の空気のように、生命のエネルギーも（「神の魂」と呼んでもいい）、べつべつの物質的な客体をとりまき、べつの性質を示している。じつは、このエネルギーが一定の方法で合体して、客体のかたちができあがる。

エネルギーの粒子が集まって物理的なモノになると、非常に凝縮する。つきかためられ、まとまる。すると、ひとつひとつべつの単位の「ように見え」、「感じられる」。ほかのエネルギーとは「べつの」「異なった」ものらしくなる。だが、同じエネルギーがべつのふるまいをしているだけなのだ。べつのふるまいをするから、「存在するすべて」が「多くの存在」として現れることが可能になる。

凝縮して物理的なモノになる「エネルギーのかたまり」のひとつひとつ、それが、あなたがたが「魂」と呼ぶものだ。つまり、わたし〈神のこと〈筆者注〉〉というエネルギーが分かれて、たくさんのあなたがたになった。これが、神聖なる二分法だよ。わたしたちは、ただひとつである。わたしたちはたくさんいる。

（ニール・ドナルド・ウォルシュ著、吉田利子訳『神との対話』③、サンマーク出版、二〇〇二、二八四―二八五頁）

重要な真理を表している言葉だ、とわたしは考える。神は生命であり、生命はエネルギーにほかならない。それがさまざまな形態をとって現れるというのである。よくわからないが、悟ればわかるようになるだろうと、今のところ受け止めている。これが間違いだというのなら、これ以上の論理と内実を有する主張をして欲しいと思う。これからもわかるように、マルクスは、経済が社会や歴史や文化の下部構造だという唯物論を展開しているが、この主張はまったくの誤りであると断定できる。さらに、飛躍したことをいうと、人間の思考、感情、意思という「意識」は、みな創造の力を有し、実際に創造しているのだ。

思考は純粋なエネルギーである。あなたが考えること、考えたこと、これから考えることはすべて創造につながる。思考のエネルギーは、決して死に絶えない。あなたがたの存在を離れて宇宙へと向かい、永遠に広がっていく。思考は永遠だ。感情も同様である。感情は動いているエネルギーだ。エネルギーが動くと、効果が表れる。大量のエネルギーが動けば、物質が創り出される。物質は凝縮したエネルギーだ。（前掲書、九七頁）

だから、物質が精神を生み出すのではなく、精神が物質を創り出しているのだ、といってもよいだろう。わたしは、キリスト教の信仰によって、人間が神の分身であり、神の養子であることを知った。後は、その真実を経験によって確認することだけであろう。かかる真実から、結論づけられる知恵は、次のとおりである。

① 神とわたしたちは一体である。
② 充分である。
③ しなければならないことは、何もない。

「わたしたちはすべて一体である」と決めたら、お互いに対する姿勢が変わるだろう。「充分である」と決めたら、すべてをみんなと分け合うだろう。「しなければならないことは、何もない」と決めたら、「行為」によって問題を解決するのではなく、「問題」が消えてしまうような存在になるだろう。そうすれば、問題を起こす条件は消える。(『神との対話』③、五五九頁)

本書からもう少し引用させてもらう。

キリストの最も偉大な教えは、あなたがたが永遠の命を得られるだろうということではない。あなたがたには永遠の命があるということだ。あなたがたは神のもとで兄弟となるだろうということではない。あなたがたは兄弟だということだ。あなたがたは求めたものを与えられるだろうということではない。すでに与えられているということだ。必要なのは、それを知ることだけだ。

あなたがたは自分の現実の創造者だ。そして人生はあなたがたが予想するようにしか、展開しない。

考えることは、現実になる。これが創造の第一歩である。父なる神とは考えだ。あなたがたの考えは、すべてのものごとを誕生させる親である。（『神との対話』①、九四頁）

こういう素晴らしい言葉が真実であると信じられたら、それなりの果実を得るだろう。要は、理屈で物事や思想を納得するのではなく、結果を待って、その良し悪しを判断することだ。引用した言葉が、本当に神からの言葉やインスピレーションかどうかは、その言葉を真実と信じて実践し、良い結果が出たら、それで満足すべきではないだろうか。神の言葉かどうかを詮索するのに、どんな意義があるのだろうか。

偽預言者か本物の預言者かを識別する方法は、「良い木は良い実を結ぶ」（マタ7・17）と主キリストが言われたように、実によって木を判断するしかないのだ。結果が良ければ、間違いなく原因が良いにちがいない。わたしの考え方が、良い結果をもたらすのなら、良いアイディアだと思うし、正しい結果が得られたら、よかったと確信し、後は安心して行動するだけである。生活上の結果や社会的な結末だけでなく、物事を選択したとき、心に愛と平安を覚え、喜びと自由な気持ちを感じるなら、その選択が神の御心に適っていると判断してよいだろう。反対に、不安や恐れや焦慮など内心の乱れを感じるならば、神の御心や善霊の勧めに反していると見なし、物事の見方や考え方や認識を変えて、選択を変更することだ。そうでなければ、物理的にも、心霊的にも、禍や不幸を招くことになるだろう。

人間の意識は創造力を持っている。それで、良いことを考えていれば、良いことが生じるし、悪いことを考えていれば、悪いことが生じる。このように個人の意識さえ、かなりの創造力を有しているのなら、集団意識のパワーはどれほど強力なものであろうか。福音書には、「どんな願い事であれ、あなたがたのうち二人が地上で心を一つにして求めるなら、わたしの天の父はそれをかなえてくださる。二人または三人がわたしの名によって集まるところには、わたしもその中にいるのである」（マタ一八・一九―二〇）というキリストの言葉がある。教会のパワーの源泉は、これではないだろうか。多くのキリスト者は、神がすべてを直接に創造され、はからい、支配しておられると思っている。原理的にはそうだが、実際には、神は、御自身の似像として創造された人間の思念や感情や自由（意思）の創造的なはたらきには干渉されない。神がすべてをご覧になっておられることは確かだが、個々人の自由な選択や行動には介入されない。だから、釈尊の教えのように、すべては「自業自得」なのだ。何でも神のせいにするキリスト者は、この辺りの勘違いに気づくべきであると思う。

しかし、祈りは神に直接懇願することであるから、極めて大切である。「祈り」については、すでに『祈り――苦しむ人は祈り、喜ぶ人は賛美』（教友社、二〇一四）が刊行されているので参考にされたい。けれども、祈った後は、神に満福の信頼を寄せてお任せすることである。神は最善の応答をなさるにちがいない。さらに祈った後は、神のことも忘れて、人事を尽くすべきではないだろうか。これは、イエズス会の創立者、聖イグナチオ・デ・ロヨラ（Ignatius de Loyola, 1491-1556）の行動方針であった。不肖、会員のわたしもそれにならって、行動しているが、効果は歴然であると感じている。

最近、『日本の若者は、なぜ希望を持てないのか』（鈴木賢志著、草思社、二〇一五）という書物を読んで、考えさせられた。本書の著者は、政治・国際研究を専攻する大学の教授であるが、日本、ドイツ、フランス、韓国、イギリス、スウェーデン、アメリカの若者の意識調査をされながら、経済状況、家族・人間関係、学歴、仕事、社会との関わりにおいて、日本の若者がいちばん希望を持っていないか、あるいは希望度が低いと指摘されている。わたしは現在、数か国の外国人と共同の生活をしているし、一九七九年には在外研究で諸外国を回ったことがある。その上、数年前には聖地イスラエルとローマに巡礼団を引率して旅行したこともある。そうしたささやかな経験からも、経済面、文化面、社会面など、どの面をとっても日本はかなり恵まれた国だと感じているし、民度も高いと思っている。それにもかかわらず、現代の日本の若者の希望度が、六か国ではあるが、最低であるというのはショックである。どういうわけなのだろうか。わたしの独断的な考えを述べたいと思う。

結論からいえば、人間は、「神の似像」（創一・二六）として創造されたので、自然界の一員であると同時に、自然界を超えた超越的な存在でもある。すなわち被造物には違いないが、同時に神性の種子を宿す超自然的な存在であるといえるのではないだろうか。そうでなければ、どうして神の御子が受肉して人の子になることができたのだろうか。神が全能であるからといえばそれまでであるが、神と人の間には、類比〈〈ラ〉analogia〉がある。飛躍した言い方が許されるならば、神はすべてにおいてすべてであるから、天地万物、森羅万象はみな、何らかの仕方で神性を宿し、反映しているといえるのではないだろうか。人が罪を犯すことによって神から離反するのは、意識のレベルであって、存在のレベルではない。

換言すれば、人間性の核心には、人は人間でありながら、神になり得る可能性が与えられているということである。だから、人は神との出会いと一致に憧れているのではないだろうか。こうした超越的希望は、この世のどんなものが得られたとしても、満足され得るものではないだろう。無一物の聖者になったアッシジのフランチェスコ〈Francesco〈Assisi〉、1181/2-1226〉が、いつも祈っていたように、「わが神よ、わがすべてよ」なのである。日本人も含め、現代人の多くが現世の事柄に没頭して、「神へ帰る」ことを忘れていることが、あらゆる不幸の根本的な原因なのではないだろうか。生きがいや希望の喪失も根は同じだと思う。

人間が神の子であり、神々である（詩82・6、ヨハ8・34—35参照）とは、キリスト教の重要な教えであり、聖書の言葉でもある。しかし、それが真実であるかどうかは、神の恵みによって、各自が体験し、実感したときに納得できることであろう。神学的には、神の無償の賜物、恩恵として、人間に神性が賦与されたとある。あるいは聖ペトロが書いているように、「神の本性にあずからせていただく」（二ペト1・4）のである。だから、わたしたちは神の息子である（前掲書①、五八頁参照）が、むろんそれは種子のような可能態にすぎない。それが現実態として開花するためには、人間の力、すなわち自力では不可能なことだ。そこで父なる神は、救い主として御子イエス・キリストをお遣わしになったのである。それで御子イエスは、進んで十字架の死を引き受けられて復活され、そして昇天された。その後、聖霊が降臨されて、信者の魂に永遠に住まわれるようになった。この聖霊のはたらきに協力することにより、わたしたち信仰者は、らせん状を描きながらも徐々に聖化され、神化されて神の子に成っていくのではないだろうか。それを神は、創造の初めから救いの計画の目的にされていた。わたしたちの希望の根拠は、こうした神の計画と約束にある。そして、それを実現し、完成されたのは、主イエス・キリストである。だから、人類は、必ず永遠の命（天国）に救われる。しかしながら、「救い」とは、目覚めであり、自覚することであり、悟ることであり、体験で知ることであるから、その出発点として、まず信仰が必要なのである。「信じる者は、救われる。信じない者は救われない」とは、この現実の法則によるのではないか。わたしが講座クラスで常に強調しているのは、この点である。「知って気づき、気づいて知る」という原理をしょっちゅう繰り返している。禅の言葉を借りれば、悟れば仏、悟らないで無智のままでいれば衆生であって、実体の変化ではないのだ。繰り返すが、わたしが神の子であるとしても、それを信じて、気づき、経験しなければ、宝の持ち腐れにすぎないのではないだろうか。神を信じれば、神が存在するが、神がいないと信じていれば、神はいないのである。経験というのは、人間の意識が造り出しているものであって、どこかに転がっている物体ではない。

希望の前提は、信仰である。信仰に関しては、以前、『神の喜ばれる奉仕――十二人の信仰論』（サンパウロ、二〇一三）を上梓したので、参照されたい。信仰に関し、聖書はすばらしい言葉を記している。

信仰とは、望んでいる事柄を確信し、見えない事実を確認することです。……信仰によって、わたしたちは、この世界が神の言葉によって創造され、従って見えるものは、目に見えているものからできたのではないことが分かるのです。（ヘブ11・1―3）

希望は、単にすばらしい未来を夢想し、その到来を期待するということではない。キリスト教が告げる希望は、人間だけではなく、宇宙万物すべてが、未来における救い主イエス・キリストの栄光に満ちた再臨のとき実現する。それは人間を先頭に万物が栄光の姿に復活し、三位一体の神の家（神の国）で永遠に栄光と至福の命を享受するということにほかならない。この確信があるからこそ、わたしたちは現世でさまざまな困難辛苦、たとえば天災や人災に遭遇したとしても、希望をもって待ちながら、前向きに努力していくのである。

何度も繰り返すが、わたしたちは皆、神の家族として必ず救われるのだ。こうした希望があれば、人生がどんなに苦しくても、前向きの姿勢で生きていくのではないだろうか。これが困難なことだと考える人は、祈りの力を忘れているからではないかと思う。わたしは弱小な者なので、いついかなる場合でも、祈ることにしている。人間は自力に頼るとき、失敗する。キリストが言われたように、「わたしはぶどうの木、あなたがたはその枝である。人がわたしにつながっており、わたしもその人につながっていれば、その人は豊かに実を結ぶ。わたしを離れては、あなたがたは何もできないからである」（ヨハ15・5）。だから、謙虚な態度で、信頼をこめて、主なる神に祈るとき、何でもできることがわかろう。

どうしてこれが確実なことなのかと疑われる人がいると思うが、パーソナルな愛の神が存在し、人間と世界を救われるという約束、および主イエス・キリストの受肉、受難、死と復活の神秘による救いの成就、このリアリティによって最終的には人間と世界は必ず救われるのである。しかし、個々人の救いの道は、近道、回り道、険しい道、迷路などさまざまな道がある。まさに、「わけ登る麓の道は多けれど、同じ高嶺の月を見るかな」の諺ではないが、無数に多様な人々がいれば、救いの道もまた多様になるのは、当然なことであろう。だから、主キリストは、「狭い門から入りなさい。……しかし、命に通じる門はなんと狭く、その道も細いことか。それを見いだす者は少ない」（マタ7・13―14）と言われたのではないだろうか。それゆえ各自、心して救いを求めなければならないのであろう。その時重要なことは、道は沢山あるが、わたしの歩く道は一つだということ、登れば必ず頂上に辿り着くという信念であり、希望なのだと思う。

救いの希望は、いつか必ず達成される。けれども、それは自動的にそうなるのではない。

人間はどこまでも知恵と自由（意志）をもった人格であるから、神の救いのみわざに協力し、恩恵のはたらきに随順していかなければならない。その結果、救いの頂上に達するのである。わたしは昔、富士山の五合目の峠の茶屋から道のない山道を登って三時間で頂上に達したことがある。途中、濃霧に覆われて、困窮した。そのとき、必死になって神の助けを求め、祈った。そのたびに霧が晴れ、青空が見えた。手さぐりで溶岩にしがみつきながら、剣ヶ峰の傍の路を登り、やっと頂上に辿り着いた時には、霧が晴れ、眼下に雲海が見えた。しばらく自然の美しさに感動しながら、神を賛美した。友人は一時間遅れで登ってきた。ささやかな冒険の想い出である。ある神父が、山に真理がある、と言われたことがあるが、山が観想にとってうってつけの場所であることは体験からもわかる。しかし、二度と無茶はしないと決心した。

ともあれ、パウロが、「わたしは、自分の置かれた境遇に満足することを習い覚えたのです。貧しく暮らすすべも、豊かに暮らすすべも知っています。満腹していても、空腹であっても、物が有り余っていても不足していても、いついかなる場合にも対処する秘訣を授かっています。わたしを強めてくださる方のお陰で、わたしにはすべてが可能です」（フィリ4・11―13）と書いているように、神の恩恵〈ラ〉gratia, グラチア）によって、神の御子・主イエス・キリストにつながるとき、何事も可能になるのである。どうしたら主キリストとつながることができるかというと、信仰による。そして、信仰と希望と愛、これが福音のメッセージである。それにわたしたち人間は、意識するかしないかにかかわらず、「神の中に生き、動き、存在する」（使17・28）生命体であるから、神の子らしく成長して、神と完全に合体することが、究極の希望ではないだろうか。ゆえに、五世紀の教父、アウグスティヌス（Aurelius Augustinus, 354–430）が、『告白録』（岩波文庫）の冒頭で、「神よ、あなたはわたしたちをあなたのためにお造りになりました。ですから、あなたの許に憩うまで、わたしの心は安らぐことがありません」（筆者の自由な訳）と告白されたのではないか。要するに、魂の究極の安心は、三位一体の神の内に憩うときなのである。

だから、人間はいくら身体的レベルや精神的・心理的レベルの欲求や願望が満足させられたとしても、魂の超越的な希望――神を直観し、愛し、賛美しながら、永遠の安息の中で歓喜に満たされること（これが天国〈神の国〉である）――が実現し、究極の渇望が満たされなければ、本当の浄福が得られたとはいえないのではないだろうか。繰り返すが、人間の究極の希望は、神と合一して「神化」することである。さらに大胆にいえば、神となって、神らしく成長していくことではないだろうか。そういう超越的希望が、人の魂には潜んでいる。だが、現代の多くの若者は、この事実に気づいていない。だから、下位の希望は実現したとしても、上位の希望は未だ達成されていないのではないだろうか。

わたしのような戦中・戦後の人間は、確かにその時代のアメリカの素晴らしさや国力に感心したものだった。そして、アメリカ文化の根底にキリスト教があるのを知って、キリスト者に憧れたことも確かである。けれども、わたしのカトリック信仰の出発点は、子どものときの無常感と神との一致への憧憬であったから、マズローがいうような下位の自然的欲求がある程度満足させられた後に生じる高次欲求（動機）ではなかったと思う。ただ、ひたすら神と天国に憧れていたから、どうしたらそれが得られるかというのが、わたしの最も重要な人生課題（agenda アゼンダ）であった。したがって、少しむずかしい話になるが、わたしの場合は、戦時中の緊張感や貧窮した環境の中で、神との一致に救いを求める魂の願望が、目覚めたのではないかと考えている。その願望は、決して心（精神）や体の欲望ではなかったと思う。けれども、成熟した真の人間に成長していくためには、マズローがいうように、体や心や精神の自然的な欲求が、適正に満足させられる必要があるのはいうまでもないだろう。わたしの場合、それは旧制中学校と新制高校を卒業し、社会人としてマスコミ関係の仕事に従事し、その後、大学に入り、イエズス会という修道会に入会し、司祭（カトリックの神父）となり、大学の教授として研究と教育に携わり、神父として宣教・伝道に従事したことによって、徐々にらせん状を描きながら、得られたことだと思っている。だから、わたしの場合、子どものときに信仰や霊性に目覚めたが、人格の成長は社会人になってからだといえる。

だから、神に感謝するだけでなく、人々やイエズス会や学校や社会や国家にも感謝している。

聖書が教える希望

聖書は、まぎれもなく古典中の古典である。単なる宗教的教典ではないといえる。人生万般の事象・出来事・事柄・教訓など、ユダヤ民族（イスラエルの民）の歴史、預言者が告げる神のみ言葉、詩編、教訓書、主イエス・キリストの事績、福音、教え、イエスの死と復活の出来事、初代キリスト教会の歩み、パウロの伝道旅行、その教説や事件、ペトロ、ヨハネ、ヤコブ、ユダの手紙、ヨハネの黙示録など多彩な文学様式のある文書で構成されている。

聖書に関する重要な指摘は、神の啓示の書だということである。むろん、神は全能であるから、無限に多様な方法や手段で、人々に神の国に帰る道を想起させておられる。そして、人の魂には神の声や言葉を聴き分ける能力が宿っている。けれども、宗教の有無とか、宗教の相違に関係なく、人々の中には、極めて優れた霊性に生きている人物がおられる。彼らは目立たないし、平凡に見えるが、魂のはたらき（霊性）には秀でている。彼らは間違いなく、自分の魂の内奥で神のみ言葉を聴いていたにちがいない。特に預言者とか聖人とか神秘家とかは、神の特別なはからいや恵みによって、霊の高いレベルに上げられていたので、パウロが経験したような神秘体験が理解できたのであろう。パウロは自分の体験についてこう語っている。

わたしは、キリストに結ばれていた一人の人を知っていますが、その人は十四年前、第三の天にまで引き上げられたのです。体のままか、体を離れてかは知りません。神がご存じです。……彼は楽園にまで引き上げられ、人が口にするのを許されない、言い表しえない言葉を耳にしたのです。（二コリ12・2―4）

パウロのこのような神秘体験は、神の純粋な恩恵の賜物であって、通常の霊性に生きている人たちには、高嶺の花みたいなものである。しかし、神はすべての人の魂の内奥に現存しておられるので、信仰と祈りのある人には、神のはたらきの一端が垣間見られたり、経験されたりすることがあろう。そのとき、前掲書『神との対話』の中にある文章が思い起こされる。

神からのメッセージと、そうでないものとを見分けることは、なかなかむずかしい。この二つの違いはわかりくい。区別するには、基本的なルールをすなおにあてはめなければならない。

わたし（神のこと。筆者注）のメッセージはつねに、あなた（人のこと。筆者注）の最高の考え、最もくもりのない言葉、最も偉大な感情である。それ以外はべつの源から生じている。

最高の考えには、必ず喜びがある。くもりのない言葉には真実が含まれている。最も偉大な感情、それは愛である。

喜び、真実、愛

この三つは入れ替えることもできるし、互いにつながりあっている。順序は問題ではない。

あとはわたしのメッセージに耳を傾けるかどうか、それだけだ。（二二頁）

わたしは素直にこの言葉が神からのものだと信じている。神は無条件の愛であるから、どんな人をもみな大切なわが子として慈しんでおられる。慈しむとは、尊敬し、褒め称え、可愛がることではないだろうか。人間がどれほど素晴らしい存在であるか、想像もできまい。

前掲書からもう少し引用させてもらう。

あなたがたは善であり、慈悲であり、同情であり、理解だ。あなたがたは平和であり、喜びであり、光だ。あなたがたは赦しであり、忍耐であり、力であり、勇気であり、苦しいときの援助者であり、悲しいときの慰め手であり、傷ついたときの癒し手であり、迷ったときの教師だ。あなたがたは最も深い智恵と真実、最も偉大な平和と愛だ。あなたがたはそういう者なのだ。（一四八頁）

これからは、いつも、自分はそういう者だと理解していなさい。（一四九頁）

これが、神のメッセージだと信じられたならば、わたしたちはすでに救われているのがわかろう。後は、それを経験し、開花し、結実させて、その栄光を享受することだけである。わたしたちは必ず永遠の命に救われ、完成される。そうした希望の根拠は、神の約束であり、み言葉である。そして最終的な保証は、主イエス・キリストの死と復活の出来事である。わたしは、聖地エルサレムの聖墳墓教会内にある墳墓（今は祭壇になっている）の上で、二〇一五年三月一九日の早朝、ごミサを捧げた。そのとき、十字架が希望の旗印であることがわかった。前述したが、もう一度繰り返すと、パウロは希望に関連してこう書いている。

現在の苦しみは、将来わたしたちに現されるはずの栄光に比べると、取るに足りないとわたしは思います。被造物は、神の子たちの現れるのを切に待ち望んでいます。被造物は虚無に服していますが、それは、自分の意志によるものではなく、服従させた方の意志によるものであり、同時に希望も持っています。つまり、被造物も、いつか滅びへの隷属から解放されて、神の子供たちの栄光に輝く自由にあずかれるからです。……被造物だけでなく、〝霊〟の初穂をいただいているわたしたちも、神の子とされることを、つまり、体の贖われることを、心の中でうめきながら待ち望んでいます。わたしたちは、このような希望によって、救われているのです。見えるものに対する希望は希望ではありません。現に見ているものをだれがなお望むでしょうか。わたしたちは、目に見えないものを望んでいるなら、忍耐して待ち望むのです。（ロマ８・18―25）

わたしたちは必ず永遠の命、すなわち神の国に救われる。それが、神の宇宙万物の救いのご計画であり、み旨にほかならない。しかし、人間は自由な人格であるから、智慧による認識と愛による同意が必要である。父なる神は、救いのご計画を実現するために、み言葉による啓示のほかに、御子の受肉と死と復活の秘義、さらに聖霊の派遣と魂における現存を行われた。わたしたちはこうした神の救いのはたらきを信じるだけでなく、絶えず目覚めながらそれに随順し、ますます悟っていかなくてはならない。それが神の子として創造された人間の生きる目的にほかならない。人は未来に必ず救われ、完成されるがゆえに、わたしたちはうめきながら希望し、忍耐しながら、その栄光を待ち望み、前進していくのではないだろうか。

人生は希望の道である。人は未来に必ず救われ、完成され、永遠の至福を享受するに違いない。そういう神への信頼があり、それを灯にしながら、苦労の多い人生を希望と愛をもって生きるならば、すでに現世においても、救われている喜びを経験するであろう。

聖書には、希望を与えてくれる言葉がいっぱいある。他の筆者も言及されるだろうが、キリスト者のわたしは、希望を養い育てる言葉が、前向きに生きる原動力になると思っている。たとえば、預言者エレミヤに、主なる神が、バビロニアの捕囚の身になっているイスラエルの民が解放されることを告げる言葉がある。

主はこう言われる。バビロンに七十年の時が満ちたなら、わたしはあなたたちを顧みる。わたしは恵みの約束を果たし、あなたたちをこの地〔イスラエル〕に連れ戻す。わたしは、あなたたちのために立てた計画をよく心に留めている、と主は言われる。それは平和の計画であって、災いの計画ではない。将来と希望を与えるものである。そのとき、あなたたちがわたしを呼び、来てわたしに祈り求めるなら、わたしは聞く。わたしを尋ね求めるならば見いだし、心を尽くしてわたしを求めるなら、わたしに出会うであろう、と主は言われる。わたしは捕囚の民を帰らせる。わたしはあなたたちをあらゆる国々の間に、またあらゆる地域に追いやったが、そこから呼び集め、かつてそこから捕囚として追い出した元の場所へ連れ戻す、と主は言われる。（エレ29・10―14）

主イエスの山上の説教における、「求めなさい。そうすれば、与えられる。……」（マタ7・7―11参照）というみ言葉が連想されるが、現世という不如意（これが苦）の時を幸せに生きるためには、自然の法則を理解して、人事を尽くしていくことが不可欠である。幸せは「棚から牡丹餅」というわけにはいかない。けれども、そこまでしか考えないのが、多くの日本人である。そこから一歩を踏み出すと、宇宙という見える世界は、見えない霊的世界に覆われ、支えられ、守られ、導かれていることがわかろう。それを一つの道しるべとして教えているのが、宗教というものである。霊的世界には、神の内に生き、動き、存在している霊的存在が、無数にいる。たとえば、天使、聖者、仏、ご先祖、宇宙人（?）何でもよいが、そういう霊的生命と交流する方法が、広い意味の「祈り」なのである。もし祈りの意義や力を心底、体験するならば、パウロではないが、「いつも喜んでいなさい。絶えず祈りなさい。どんなことにも感謝しなさい」（一テサ5・16―18）という態度が習い性になるであろう。祈りは、神との交わりであるから、神の力を借りて、何でもできるようになるのであろう。だから、目指す希望の港に無事に到着しようとすれば、旅の間中、絶えず祈るべきである。わたしたちは、死後の天国（神の家）を目指して生きているわけであるから、絶えず祈りながら、人事を尽くしていかなければならない。そうすれば、災いも避けられるし、平和と安全のうちに目的地に無事到着し、歓喜に躍ることであろう。

神はすべてにおいてすべてである。だから昔、学生のときに、わたしは神秘家、アヴィラの聖テレサ（Teresa de Avira, 1515–82, 跣足カルメル会創設者、教会博士）の言葉に感動し、霊性の道に進もうと決心した。それは、「神を得る者はすべてを所有するが、神を失う者はすべてを失い、虚無の淵に陥る。すなわち一切か無かだ」（私の意訳）という言葉であった。第三天まで挙げられたパウロも、ご自分のことに関してこう書いている。

わたしは生まれて八日目に割礼を受け、イスラエルの民に属し、ベニヤミン族の出身で、ヘブライ人の中のヘブライ人です。律法に関してはファリサイ派の一員、熱心さの点では教会の迫害者、律法の義については非のうちどころのない者でした。しかし、わたしにとって有利であったこれらのことを、キリストのゆえに損失と見なすようになったのです。そればかりか、わたしの主キリスト・イエスを知ることのあまりのすばらしさに、今では他の一切を損失とみています。キリストを得、キリストのゆえに、わたしはすべてを失いましたが、それらを塵あくたと見なしています。キリストの内にいる者と認められるためです。わたしには、律法から生じる自分の義ではなく、キリストへの信仰による義、信仰に基づいて神から与えられる義があります。（フィリ3・5―9）

神と主イエス・キリストを知るというのは、キリストが「永遠の命とは、唯一のまことの神であられるあなたと、あなたのお遣わしになったイエス・キリストを知ることです」（ヨハ17・3）と最後の晩餐の時に父なる神に祈られたように、神の子らであるわたしたちにとって究極の希望なのである。これに比べれば、現世の宝や価値といわれるものは塵芥にすぎないだろう。そういう儚いものに執着して、父と子と聖霊の三位一体の神との信仰と祈り（希望）と愛による交わりと一致を忘れるとは、何と愚かなことであろうか。それに気づき、目覚めるまでは、現世における試練は終わらないだろう。

したがって、わたしたちは皆、「わたしは道であり、真理であり、命である。わたしを通らなければ、だれも父のもとに行くことができない」（ヨハ14・6）と言われた主イエス・キリストに帰依（信仰）し、その道に随順して生きていくべきではないだろうか。そうすれば、この世でも「聖霊によって与えられる義と平和と喜びである神の国」（ロマ14・17参照）

を享受、経験できるであろう。

最後に、「希望の源である神が、信仰によって得られるあらゆる喜びと平和とであなたがたを満たし、聖霊の力によって希望に満ちあふれさせてくださるように」（ロマ15・13）との祈りで筆を置く。

希望に生かされ／希望を生きる

――キリスト教的生き方のパラダイム――

高柳　俊一

わたしは……知識と清らかな希望の母……。（シラ24・18）

あなたがたは既にこの希望を、福音という真理の言葉を通して聞きました。（コロ1・5）

「希望」がキリスト教信仰生活の中心であることは第二バチカン公会議を通してはっきりと意識されるようになったが、それまでに至る過程と背景を以下で描こうと思う。

一 「信望愛」の伝統的な位階構造――トマス・アクィナス

コリントの信徒への手紙一、一三章一三節では使徒パウロは「信仰と、希望と、愛、これら三つは、いつまでも残る」と書いている。[1] それに基づいて、信仰に始まって、希望と愛は伝統的に神に向けられた三つの徳、「中でも最も大いなるものは、愛である」とされている。すなわちこうして三つの徳は人間が神に向かう時の「対神」徳であるとする考え方がここに始まった。[2] これら三つの徳は、キリスト教的生命の起源に由来するものであり、基礎である「信仰」からはじまって（暗喩を使うならば、神に直接まみえる）完成を待ち望む「希望」を中間に置き、至高の徳「愛」（カリタス）に到達する三つの段階があるとされてきた。これら三つの対神徳は、人間を神の似姿として見るキリスト教的人間観の要である。キリスト教徒はこれら三つの徳を神の恵みに助けられながら実現し、人間として完成されるのである。一九九二年、ヨハネ・パウロ二世は第二バチカン公会議後待望されていた『カトリック教会のカテキズム』を公布されたが、その中ではこれら三つの対神徳の考え方は再確認された形になっている[3]（一八二二―一八二九）。

ヘブライ人への手紙の送り手は「信仰によって……」を数度繰り返しながら、救いの歴史を神の民イスラエルの信仰の歴史として描いている。この歴史の中で彼らは信仰によって神から与えられることを希望し、そのことを確信していたものはまだ与えられなかったが、神はさらにまさった計画によってキリストを信じる者にそれを与えられたと述べている。このような新約聖書における信仰、希望、愛についての結びつきに関する思想の展開を背景にして、トマス・アクィナスの『神学大全』第二巻第一部は徳目論とそれに対応する悪徳を個々に論じているが、まずこの順序でこれら三つの徳それぞれとそれぞれに対立する悪徳を取り上げ、くわしく論じている。「希望」は他の二つの対神徳と区別しなくてはならない、独自の「徳」なのか、個別の徳だと言うならば、その特徴は何なのか、「信仰」と「愛」それぞれとどう違い、それらとの序列上の位置づけはどうなのか、なぜそう位置づけられるべきなのか、等々がくわしく論じられている。トマス・アクィナスの考え方では三つの徳ははっきりと区別されなければならないが、同時にそれら相互の結びつきは強固で分離することはできないリアリティーであった。

それゆえ、トマス・アクィナスに先立ち、すでにアウグスティヌスが『エンキリディオン』(『信仰・希望・愛』聖アウグスティヌス著作集1、服部英次郎訳、増進堂、一九四四)で述べているように、「希望のない愛はなく、愛のない希望もありえない。そして信仰なしに希望も愛もない」のである。つまり、それらの徳が互いに関連し、結びつき合って向かう対象はただ一つ、神ご自身である。

今ここで『神学大全』第二巻二部の問題一七・命題一六—一八の部分から希望についての関連部分と思われる箇所を拾ってみるならば、以下のような見取り図が浮上してくるであろう。それによって読者はスコラ神学の伝統の中で「希望」が他の二つの対神徳との関係でどのように位置づけられ、それぞれの特徴が論証づけられてきたかを理解できることであろう。

神は三つの徳が異なった観点から向かう対象であり、それぞれの習性によって区別されるが、希望の行為は信仰の行為を前提にしている。それゆえ、信仰の行為は希望の行為に含まれて表現される。希望は神を究極的に獲得すべき善として、またさらに強力な助け手としてわたしたちを神に向かわせる。他方、愛そのものはわたしたちを、わたしたちが自己自身のためではなく、神のために生きるために、神に対してわたしたちの愛情を向け、神と一つに結ばれ、そのようにして、わたしたち自身のためでなく、神のために生きるようにするのである。……（どれがより完全なのか）完全性の度合いの秩序においで愛は当然希望に勝る。それゆえ、愛の到来とともに、希望は完璧なものになる。……アンブロシウスが愛は希望から流れ出ると述べているのはこの意味においてである。……希望の動きと愛の動きはお互いに関連し合っている。（拙訳）

このように位階的に愛の頂に向かう信望愛の結びつきをほぼ実体的に捉え、思弁のプロセスによって三つの徳をいわば均整のとれた可視的な三層の建築物のようなイメージにつくりあげることができるのではないだろうか。そうしてみると、筆者の脳裏に浮かび上がってくるのは、アクィナスよりも四〇年後にフィレンツェで生まれ、長じてこの華やかな、このルネサンスの中心都市の政治状況によって亡命し、生涯この「華の都」に帰れず、望郷の念をいだきつづけて地獄から煉獄そして天国への自分自身の旅の道のりを語る『神曲』の壮大な巡礼物語を書いたダンテのことである。

二　ダンテの『神曲』における「希望」の位置

西欧最大の詩人ダンテの『神曲』はトマス・アクィナスがまとめ上げた三つの対神徳の体系を叙事詩の作品世界に導入し、完成したものだと言えるであろう。『神曲』は西欧文学の中でホメロスの二つの叙事詩『イーリアス』と『オデュッセイア』とウェルギリウスの『アイネーイス』とともに中心的な位置が与えられてきた。先行叙事詩人の作品が未知の世界への冒険の旅と故郷への帰還と建国の物語の枠組みをもつ物語であるのに対して、『神曲』は作中の自分、ダンテが地下の地獄の世界に迷い込み、先輩詩人ウェルギリウスと出会い、助けられ、彼の手引きによって地獄に落ちた人物たちの状況を観察しながら上昇し、地獄の上の世界「煉獄」に導かれ、そこで浄化され、救われることを待望しつつ、忍耐している知人たちと出会い、さらに上昇して天国に到達し、最終的に三位一体の神にまみえて、至高の愛の示現を見つめ、観想するクライマックスに至って賛美の歌によって結末に達する。

作中の先導者ウェルギリウスは恩恵に対する「自然・本性」を代表している。もちろん、この考え方の背後には中世を通してウェルギリウスの牧歌四・四―一〇節がイザヤ書九章五―六節に符合してすでに救い主キリストの誕生を予言したと考えられていたことがある。とにかく、ウェルギリウスは『神曲』の作品宇宙の中では自然の理性原理を代表していると考えられる。彼は自然（理性）に基づく文化のアイコーンなのである。

中世の精神にはつねに寓意的枠組みに事柄を当てはめて眺め、考察する傾向があった。だから異教の大詩人はダンテにとって卓越した理性の代表者だったのである。ダンテは中世人として原罪によって傷つけられていても人間理性は完全に機能不能となってしまったのではなく、人知れず、暗黙裡に神の恩恵に助けられ、導かれて自然的道徳基準によって律せられていると確信していた。しかし、卓越した自然理性の人間であったウェルギリウスは地獄と煉獄を案内することはできるが、最後の天国に入ることができず、作中のダンテを迎えて案内するのはかつての恋人ベアトリーチェである。作中の主人公ダンテは今度は彼女に案内されて聖母と無数の天使と聖人に囲まれた三位一体の神の示現を見る恵みを与えられる。その天上の美しさを眺めるのはどんな詩人も表現することはできない神秘体験なのである。

『神曲』をはじめから再び振り返ってみよう。主人公ダンテは「人生の道の半ば、三五歳の時、正しい道からはずれ、暗い森の中に迷いこみ」、逃れ出ようとしたが、猛獣や狼に囲まれ、絶望状態だったところをウェルギリウスに出会って助けられた。著者としてのダンテはそれが西暦一三〇〇年、復活祭の聖木曜日の夜半から聖金曜日の朝の出来事だったと記している。つまり、ダンテは地獄編で信仰の試練を受け、異教の大詩人、自然理性のアイコーンであるウェルギリウスに助けられて地獄の上に位置する煉獄に上ることができるのである。後のマルティン・ルターにとって信仰は挑戦と試練（Anfechtung）を受け続けていくものであるが、地獄はもはや救いの恵みが断たれた人類史のはじまりからの無数の亡霊が住む暗黒の谷間の地下世界である。つまり、ここで問題になるのは「信仰」の試練である。「地獄編」では先導者・師となったウェルギリウスに導かれて旅をし、作中のダンテは信仰にとっての誘いから救われ、煉獄に向かうのである。

「地獄編」の物語は信仰をテーマにしているが、ウェルギリウスとダンテが煉獄に到着してわかったことはその住人たちは皆そこからの解放を待望し、いつか天国に入れることを期待していることであった（つまり、彼らとの遭遇のテーマは希望である。「煉獄編」の物語全体は希望というものがこれから来る恵みへの期待であることをテーマにしている。「煉獄編」一三歌六三―六八)。「希望はおもにすでに受け取った恩恵にすがるのではなく、神の全能と慈悲に信頼し、恩恵をまだ得ていない者もそれを受けて、永遠の生命に至ることができるのである」(『神学大全』 一二四四)。「天国編」の物語は天上を舞台とし、その中心は「カリタス」(神の愛／神への愛)とそれによって動かされている無数の天使と聖人の群れの位階的段階からなる世界である。その中心部分でベアトリーチェと作中のダンテが聖母マリアの光を仰ぎ見るが、それは純白のバラの花であり、神の愛の象徴である。信仰と希望はこの愛への準備段階であり、恩恵としての神の愛によって創られ、人間に植えつけられ、成長し、完成されるのである。その理解の準備のようにして「天国編」作中ではベアトリーチェに付き添われたダンテがまず聖ペトロから信仰について問われ、続いて希望について福音史家ヨハネから希望について問われ、答える。

信仰とは希望の実体であって、
まだ見えぬもの論証であります。
これが信仰の本体であると思われます。
……

……

……この天上においては
その姿が私の目にも見えるさまざまな深遠な事物は
下界においては全く姿が隠れ、なに一つ見えません。
下界ではそうした事物の存在はもっぱら信仰に由来し、
その信仰の基盤の上に大いなる希望が建つのです。
それゆえ信仰は実体の生活を帯びるのです。（「天国編」二四歌六四―七五）

……希望は未来の栄光を
疑念をさしはさまずに待つことで、その期待は
神の恩寵と人間のその時までの功徳とに由来します。（同二五歌六七―六九）

こう答えて作中のダンテが振り向くと、そこはベアトリーチェの姿はなく、周辺はまばゆいばかりの恩恵の光に包まれた光景があった。

ああ、あふれるばかりに豊かな恵みよ、……

……

……

その光の深みには
　宇宙に散らばったもろもろのものが
　愛によって一巻の書にまとめられているのがみえた。

私が見ている活光の中に
　一つ以上の姿があったわけではない。
　神の光はいつも依然と変わりがないのだ。
ただ私の視る力が、見るにつれ
　強まったから、私が変わるにつれ、
至高の光の深く明るい実体の中に
　三色で同じ幅の
　三つの環が現れた。
虹の二つの環のように、第一の環は第二の環に

映って見え、第三の環はその二つからひとしく
発する火のように見えた。

……

……

……

ああ永遠の光よ、あなたはあなたの中にのみいて、
あなたのみを知り、あなたに知られ、
あなたを知りつつ、愛し、ほほえむ！

……

……

……

……愛はもはや私の願いや私の意を、
均しく回る車のように、動かしていた。

太陽やもろもろの星を動かす愛であった。

（「天国編」三三歌、平川祐弘訳『神曲・完全版』河出書房新社、二〇一〇、八二一―一四五行）

三　ホモ・ヴィアトール――途上にある人間

『ホモ・ヴィアトール』は一九四四年、フランスのカトリック実存主義哲学者ガブリエル・マルセルが書いた哲学書のタイトルである。我が国でもマルセル著作集第四巻として一九六八年に翻訳出版され、今道友信氏の解説「希望について」がついている。洋の東西を問わず、人生はしばしば旅路のメタファーで表現されてきた。そのラテン語表現はキリスト教の伝統の中で生と死との間の時間を通して生き、永遠の生命に入ることを暗示する表現となった。こうして人間は「ホモ・ヴィアトール」（旅する者）として上向きに前方に向かって進み、その実存の完成を希望と愛と真実によって伴われて行う使命をもつ存在なのである。人生は旅である。その終局、目的を人の究極的な故郷が天国であり、人生はそこに向かう途上であるとする「ホモ・ヴィアトール（道をたどる人）」という概念を導入するならば、何を信じて、何をめざして、何に到達するのかが一体のテーマとなるのである。ダンテは地上の、目に見え、脳裏にその美化されたイメージがとどめられている「花の都」フィレンツェへ戻ることを生涯望みながら旅する亡命生活を続けて一生故郷にもどりたいという願望を達成することはできなかった。

作中の主人公ダンテがウェルギリウスに導かれて地獄に入るとき、その門の上には「われを過ぎんとするものは一切の希望を捨てよ」と刻まれているのを見た。「第三歌」をダンテが『神曲』の最初の巻「地獄編」のくだりを語り始めるのはユリウス暦一三〇〇年の聖金曜日（英語では「良き金曜日」Good Friday）から復活祭後の月曜日の朝で、最後の巻「天国編」の語りがもはや人智と表現を越える段階の歓喜の神秘体験で終わっている。「カン・グランデ侯爵への第一〇番目の手紙」でダンテ自身が『神曲』の物語の意味を旧約聖書詩編一一四のイスラエルがエジプトから脱出し、神の民になる過程の叙述の解釈に言及して解説している。

ダンテのフィレンツェにおける立場はよく知られている。彼は失脚した政治家として彼の故郷の都市国家が策略、陰謀、腐敗の渦巻きの巷であることを骨の髄まで知り尽くしていた。現実の生活における彼の心理的な状況は失望、失意であった。それが底なしの暗黒であっても、いやそうであったからこそ、情念の世界において彼の壮大な物語に結晶させることができたと言うことができるであろう。そのトータルなイメージの作品宇宙と壮大な救済史の物語の中を旅する人物として自己を仕立て上げ、その生き方を描いたのである。

あるいは、我が国では明治期の立身出世主義的な雰囲気の中で生まれつつあった教養階級の間で人気のあったのはジョン・バニヤンの『天路歴程』（原題は *Pilgrim's Progress* だから「巡礼者の進む歩み」である）とトーマス・カーライルの『衣装哲学』（この書物は哲学書でなく、実は小説であり、原題は *Sartor Resartus*、すなわち「仕立て直しされた仕立屋」の意味である）の主人公の物語と比較するならば、そのことがうなずけると思われる。

『天路歴程』は自叙伝小説であり、主人公クリスチャンが「虚栄の市」である現世を無知や虚栄心に遭遇し、数々の困難に出遭いながらも信仰と希望、それに慈悲に助けられながら欲望と死に打ち勝って最後はめでたく天上のエルサレムに到達する物語である。それはいかにも、読み書きができる段階にやっと到達した階層の人々用に書かれたことがはっきりと伺われるような徳目のアレゴリー化による読み物である。

しかし『衣装哲学』はアレゴリーによる人物描写ではなく、主人公の内面の動きがリアルに描かれている。この物語の主人公は高校卒業のおり、無気力、人生の未来に希望がもてなくなり、「放浪者」になって「永遠の否」に陥ってしまう。後に彼はこう述懐する。「人間はまさに希望の上に築かれた存在なのだ。人間は希望以外の何物も所有していない。彼のこの世界は希望の場なのだ」。そして主人公は希望から締め出され、疑いが暗くのしかかり不信仰に陥った。幾重にも心に積み重なり、はっきりと、星々の見えない真っ暗闇に覆われた。そして彼はこころに厚い暗雲の中をさまよう「さすらい人」になり、「永遠の否」の禍の中をさまよい歩くことになった。

それは荒野における誘惑であった。この荒れ野は悪魔の住む砂漠にたとえられるべき、不信仰の現代世界に比較されるべきものだと主人公は言う。人間の中には神的なものがある。

主人公はそれに気づいたとき、心の中の妄想は晴れ、一大転機が訪れる。「永遠の否」に代わって彼は「永遠の肯定」を宣言するのである。共観福音書の物語ではイエス・キリストは「人の子」であるが、カーライルの『衣装哲学』の物語では主人公は「人の子」ではなく「時の子」(son of time) である。こうしてこの物語を通して「希望」は再び「永遠の肯定」によって取り戻されることになる。カーライルはその姿勢を「自然的超自然主義」(natural supernaturalism) と名付けている。「自然的超自然主義」とはわたしたち人間の精神に植え付けられている否定できない超越的衝動である。『衣装哲学』の主人公はその精神の衝動を希望、すなわち「永遠の否定」からのラディカルな転換「永遠の肯定」に置いたのである。彼はそこに救いを見出したわけである。

四　近代における「希望」の状況

ちょっと突飛のようだが、ここでゲーテの『ファウスト』を引き合いに出してみよう。この作品は劇として書かれ、前後およそ二五年間を置いて発表された二部からなっているから、彼がかなりの年月を費やして書き上げた「悲劇」詩である。中世末の魔術・錬金術師ファウスト伝説を近代的状況に合わせて書かれた詩劇である。ダンテの『神曲』は“commedia”喜劇であるが、ゲーテの『ファウスト』の「悲劇」であり、その舞台は天上と地上を含む宇宙である。後に取り上げるブロッホは『希望の原理』の中で主人公ファウストをヘーゲルが『精神の現象学』で対象にした主人公「精神」だと断定したが、確かに、ゲーテはダンテの『神曲』を意識して『ファウスト』を書きあげたのである。主人公ファウストは学問の限界に来ていて、欲求不満、フラストレーションで鬱病に陥ってこう叫ぶ。

いつかはこの迷いの海から浮かびあがることができると、まだ希望をすてぬものは幸せだ。（大山定一訳、筑摩書房、一九六九、一〇六五—一〇六六）

しかし彼は書斎を訪ねてきたメフィストフェレスにこう叫ぶのである。「希望は呪わしい、信仰も呪わしい、何よりも呪わしいのは忍従だ」。（一六〇五—一六〇六）

すでに復活祭の夜の散歩から帰ってくる道で彼はこう独白していた。

この空虚をうずめる方法は、すでにわかっている。すなわち、超自然的なものを尊敬することだ。

神の啓示にあこがれることだ。
おれは新約の啓示ほど、尊く美しく
光りかがやいているものはあるまいと思う。（一二一六―一二二九）

自分の部屋にもどったファウストは聖書を開き、ヨハネ福音書の最初の言葉「はじめに言葉があった」に目を止め、ギリシャ語の言葉「ロゴス」をドイツ語に翻訳しようとする。「こころ」、「力」、そして最後にようやく「はじめに行いありき」にたどりつき、満足する。「行い」、行為、行動はドイツ語の Tat である（一一四〇〇行）。しかし第二編で帝国の財政再建を成功させ、広大な低地を領地として与えられ、大規模な堤防を建設する農地改良が成功しつつあり、事業の完成を急ぐファウストは実はメフィストフェレスの策略による幻想であることに気づかされて死亡する。ファウストは「苦」Not という語を思いつくが、それ「死」Tod と語呂合わせできることに気づく。これは第一編のはじめの部分でヨハネ福音書の最初の文句「はじめに言葉があった」を「はじめに行動 Tat があった」とドイツ語に翻訳したことの結末だったと言えるであろう。行動 Tat を絶対基準にするならば、その結末は苦 Not を通して死 Tod に至るのである。こうして希望を実行に結びつける人生観は完全に打ち砕かれるのである。

ファウストはメフィストフェレスの行動をコントロールし、彼を支配していると考えていたが、彼のほうがこの悪魔の思うままに動かされ、その操り人形になってしまっていたのである。しかしこの「悲劇」の結末ではファウストは隠遁者たち、聖なる女性たちと少年たちの懇願によって救われるようである。

亡びゆくものは
すべてこれ比喩。
及ばざるものが
ここになし遂げられ、
言いがたきものが
事実となって成就した。（一二一〇四以下）

旧約ミドラシュの用語「マーシャル」は古代近東文明の知恵文学の伝統に由来するが、「……のように」と語る王が神を象徴する物語である。[4] この語は類似性あるいは似姿を指す語であり、セプトアギンタ（ギリシャ語訳七十人旧約聖書）では「パラボレ」比喩という語である。似姿とは本物のように実質のあるものではないが、その実体を指し示すものである。

知覚できてもそのものずばりと表現できないものが事実となったというのである。『ファウスト』は中世末以後一般に流布していた錬金術師・魔術師の伝説をゲーテが彼の言う悲劇詩に高め大部な物語詩二部にまとめ上げた。ファウストをたぶらかし、防波堤を築き、開拓地を開き、人民に幸福をもたらすという遠大な計画をはじめさせ、実現が間近いという幻想をいだかせた悪魔メフィストフェレスは、「すべては過ぎ去った」ということは「はじめから何もなかったこと」と同じだと宣言する。彼にとってすべては「永遠の虚無」だったのである。彼にはそもそも希望の徳といったものは本性的にないのである。

五　共同体（コミュニティー）との結びつき——絶望の連鎖を打破するもの

そしてそれがなければ、すべては「同じ繰り返し」というよりははじめから何もない虚無の暗黒なのである。人間の現在の生命は時間の中の限られた区分を通過し、生きるものとしての実存の体験なのである。再度、ガブリエル・マルセルの言葉を思い出すならば、その生命はこの時間の通過に身を任せなければならないのである。身を任せるとは奉仕の姿勢のことである。人間がそのことを忘れ、隣人から離れ、自分を絶対者のように考え、神に近い者と考え、振る舞うようになった瞬間から、究極的にその人間は自己の破壊／破滅の道を進み始めるのである。彼の実存は牢獄となり、絶望的となっていく。ここで再びガブリエル・マルセルに依拠することにしようと思う。

絶望とは、ある意味において閉ざされた時間の意識、もっと正確にいうならば牢獄のごき時間の意識であり、これに対して希望は、時間のなかに穿たれた突破口であると考えることができる。そして希望の場合、あたかも時間は、意識をぴったりふさいでしまうかわりに、おのれを貫いてなにものかをそとに連れ出してくれるかのようにすべては進行する。かつて私は希望の予言的性格を力説したが、それはこのような観点からにほかならない。希望が未来にあるものを見通すとはおそらく言えない。だが希望は、それを見通しているかのように断定するのだ。希望は、かくされているヴィジョンから自己の権威を汲みとり、まだそのヴィジョンを享有するにはいたらぬにせよ、それに確信を持つことが許されているとでも言えよう。

……時間はその本質上、自己の自己自身にたいする決別であり、いわばその絶えざる分離であるのにひきかえ、希望は逆に、結合、集中、和解をめざすものである、と。このことによって、いやこのことによってのみ、希望は未来の思い出のごときものとなるのだ。（『旅する人間』、『マルセル著作集4』山崎庸一郎訳、春秋社、一九六八、六九頁）

ふつう、「思い出」というものはすでに過ぎ去った過去の想起である。しかしここにおいてそれはまだ来ていないことを前方に見て、思い出すのである。そうすることによって未来は建設され、現実となるのである。

「ホモ・ヴィアトール」は目的なしに、それがわからずただ前に向かって突き進み、漂泊する人物ではない。それでは希望に結びつかない。彼は道をたどり、目的地をめざして進む、旅する人間なのである。その目的地の輪郭はまだ見えないにしても、その在りかを何らかの形で描き、知って道を進むのである。ヨーゼフ・ピーパーはかつてカトリック知識人の間でよく知られた実存主義的トマス主義者だった。彼は希望をその存在論的根源から人間の被造物性にまず位置づけて論じている。人間は神の場合のようにその本質が存在と一致しているのではなく、その一致を求めて充足をめざして進む、被造物としての形成途上の実存なのである。ピーパーは信仰、希望、愛の三徳の結びつきを強調しつつ、希望は人間の実存状況に対応するものであり、人生の道を歩むことにまず第一に対応する「徳」であると述べて、それが「まだない状態に特有な徳である」としている。「希望の徳において他のすべてに先んじて人間は被造物であることを理解し、肯定するのである」と述べている（Über die Hoffnung, 1949, 20）。

マルセルは、パスカルの考え方を受けて批判的に応答する。そして彼は希望を人間の自己の運命における実存における根源的孤独からの救いの願望に結びつけている。だから当然のことながら、彼は特に現代人における孤独と不安からの解放が個人的なものではなく、この不安の連帯から根源的に望まれる、共同体的なものを背景にしていると以下のように言うのである（「希望の現象学と形而上学にかんする草案」）。

パスカル的観念は、自己の運命の不安にとらえられた被造物の根源的孤独にかんする思念を内包している……希望はそれがいかに内面的なものであろうと、いつでも「交わり」と結びついているのだ。……希望に生きるとは、未来が測り知れない暗いときにも、おそらくその当初において、霊感、高揚、喜悦にほかなかったものに忠実でありつづける力を自己から引き出すこと〔である。〕（七五、八二頁）……

希望とはおそらく、その本質において、なんらかの交わりの経験に十分内的に参与した魂のみがもちうる自在性である。かかる魂にして、はじめて願望や知識の反対を超越する行為を遂行することができるのであって、かかる行為によってこそ、その経験が担保と前提とを同時に与えてくれる生ける永続性を確認するに至るのである。（八八頁）

六　希望と「出エジプト」（エクソドス）

「エクソドス」は旧約ヘブライ語聖書の二番目の歴史書出エジプト（記）の題名である。これは本来ギリシャ語で、今でもギリシャでは「出口」の意味で使われているようである。「エクス」は接頭語「から外へ」であり、「ホドス」は「道」である。ヘブライ語聖書には歴史書の表題はない。読者がすぐわかるように、この物語はイスラエルの民がモーセに率いられてそれまで奴隷として使われ、虐げられていたエジプトの地から神ヤーウェの約束の地、先祖のカナーンに向かった逃避行でのさまざまな出来事の物語である。しかしそこには神からの約束の地という、めざす目的があり、その地に対する希望がある。カナーンの地「乳と蜜の流れる土地」とは神から約束された土地としてモーセがくり返し述べる言葉である（出3・7、13・17、33・2）。しかしその前には、ヤコブとヨセフの兄弟たちは飢饉のとき、エジプトに向かったが、彼らは弟ヨセフが才覚によってそこで高官になっていたことを知らなかったのである。イスラエルの民は難民だった（創37—50章）。彼らは最初のうちはエジプトで労働力として歓迎され、ヨセフのように高い地位に就く者も出たであろうが、しかし数が増えると迫害されるようになった。この旧約聖書のテーマを、トーマス・マンは、一九二六年から四三年にかけて膨大な四部から成る長編小説『ヨセフとその兄弟』に書きあげたのだった（彼は、ナチの台頭後、第二次大戦中のスイス亡命を経てナチ・ドイツ敗戦後も居をスイスにおき、おもに米国で講演してまわった）。ヨセフはかつて自分に対して兄たちが行った仕打ちに仕返しをするのでなく、大仰にゆるし、和解して、ともに「神意にもとづいてあのおかしなエジプトの国に戻っていこう」と言う（望月・小塩訳、筑摩書房、一九八八）。

現在、大勢の難民が中東から豊かなヨーロッパを目指して押し寄せ、はじめは労働力として歓迎されたが、その数が増えるとともに、大きな社会問題となっている。一九三九年に出版されたアメリカ文学の名作『怒りの葡萄』では大恐慌の時代、米国中西部おける巨大な砂嵐の猛威による農地の荒廃によって故郷を捨てて流民となって、オンボロ自動車でカリフォルニア州に向かった三世代のジョオード家一族は、アリゾナ砂漠を通り、ロッキー山脈を越えて、目的地のカリフォルニアについた。しかしそこでも低賃金によって搾取にさいなまれ、最後に豪雨と洪水に直面するが、残された家族は小屋の中に逃げ込んで助かった。一家を励まし、明るくし続け、残された家族に希望をもって生きるように励まし続けたのは母親マ・ジョオードであった。彼女は最後まで希望を捨てなかった女性であったと言える。どん底にあっても他者への隣人愛を忘れず、助け続けたのであった。彼女はオクラホマを出たとき以来希望を忘れず、目指した土地カリフォルニアでもそれによって逆境を精神的に乗り越え、残った一家を支え、家族のまとめ、絆を守り続けようとしたのであった。

この小説では「希望」とエクソドスのテーマが結びついているが、はっきりと思想として打ち出されているわけではない。もちろん、『怒りの葡萄』を読んだからではなく、それ以前からはじめてそれを巨大な思想体系『希望の原理』全三巻（一九五四―五九、翻訳では六巻）にまとめあげたのは、ほかならぬエルンスト・ブロッホであった。この大著は文学、音楽、歴史、神話・宗教学、思想、科学、医学等々を駆使したさながらに「希望」の百科辞書のようでもある。ブロッホはユダヤ系ドイツ人であり、ナチの迫害から逃れてドイツ国外に亡命し、ヨーロッパ各地を転々とした後、一九三八年米国東部のニュー・ハンプシャー州に落ち着き、およそ一〇年とどまり、『希望の原理』を書きあげることに専念し、二巻まで完成したところで、ナチ・ドイツ敗戦となり、一九四九年故国にもどることになった。しかし、幾人かの帰国者がしたように、西独ではなく、共産党政権下の東独にもどり、一九五七年までライプツィヒ大学の教授になり、三巻を出版した。一九六一年ベルリンの壁建設を機に西独のテュービンゲン大学からの客員教授として招待を受けたのを機会に、東独にもどらず、以後テュービンゲンにとどまり、一九七七年に没するまで、思索と著作を続け、『キリスト教の中の無神論』と『世界という実験』を書きつづけた。

ブロッホはユダヤ系の家庭で育ったが、両親はすでに当時の中流家庭のユダヤ系市民であり、特にユダヤ教信仰を守っていたのでなく、ドイツ社会に適応しきっていた。高校時代の宗教の時間はルター教会のものであった（それにしても彼のキリスト教現代思想の知識はくわしいものであり、それをどこで得たかは不思議である）。それにもかかわらず、彼の思想は『希望の原理』の中心の流れである希望を「出エジプト」、特に「脱出」のテーマに結びつけたものである。[5]

ブロッホが世に問うた最初の作品は『ユートピアの精神』（*Geist der Utopie*）だったが、それ以来、彼は人類史のパターンが「出エジプト」の中に含まれ、その真の意味がいまだに悟られていない「脱出」にあることを繰り返し強調してやまない。エジプトから脱出し、理想の大地を目指してモーセに導かれて砂漠を通り、向かうイスラエルの民の共同体の運動はそのアイコーンなのである。『キリスト教の中の無神論』で彼は創造が普通「はじめ」に設定されるが、本当はそれが終わりに来るのだと述べている。人間が本当に人間になるのは時間の終わり、歴史の終局であると主張するのである。歴史は人類が完成をめざして進む過程であるとともに、その過程が「世界の実験」なのである。[6]

本当の創造ははじめではなくおわりにある。それは社会と実存が根源的なものとなり、それらが根本において理解されるとき、はじめて始まる。歴史中心は働き、創造し、所与を環境に変え、超越していく人間である。人間が自己自身を把握し、自己自身となったものを放棄することなく、疎外することなく真の民主主義によって確立するならば、その時、この世界はすべての人間によって子供時代と見られ、まだ誰れも行ったことのないもの、故郷が姿を現すのである。(Das Prinzip Hoffnung, S.1928, 拙訳)

ブロッホはこの過程を上昇を通しつつの前進としての超越としている。あるいはそれは彼が言う人間が「まだ達成されない」(noch nicht) 未来への道程である。それは彼が言う「メタ・ホドス」の人類の終末に訪れるヴィジョンなのであろう。この「まだ達成されていない」もの、あるいは事柄そのものがブロッホにとっては希望なのである。それは単にオプタティヴの願望形態だけにとどまるのではなく、現実、現在に働く存在論的な力なのである。「現実は確かに希望の中に立たされている」。こう彼は強く断言する。ブロッホの思想は地上への期待の執拗さと未来に向かう歴史の根源的な捉え方に思わず飲み込まれそうになってしまうものである。しかもそれは唯物論者、正統マルクス主義者でなくとも、ユダヤ思想的な黙示観の要素を含むものである。

『希望の原理』をはじめとして彼が一貫して「まだ秘められているが、これから時間の前方から訪れるもの」、「まだ無だが、その中にすでに含まれ、突出しようとしているもの」等々、「これからかならず現れる未来の姿」を熱っぽく説いた他の著書を読みながら、脳裏に浮かんでくるのは『神のくに』（*Le Milieu Divin*）を書いたテイヤール・ド・シャルダンのことである。彼はパウロが引用した詩人の言葉「我らは神の中に生き、動き、存在する」（使17・28）をよりどころにして自分の本の表題としたのだったが、この本のエピローグ「再臨への期待」は黙示的な期待で満たされている。「被造物は虚無に服していますが、それは、自分の意志によるものではなく、服従させた方の意志によるものであり、同時に希望も持っています。つまり、被造物も、いつか滅びへの隷属から解放されて、神の子供たちの栄光に輝く自由にあずかれるからです」（ロマ8・19—20）。自然・世界は今苦しみながら巨大なエネルギーで宇宙をキリスト教化し、黙示録の結びで描かれているような新しいエルサレムと一つになろうと努めている。その巨大なエネルギーによって前進し、上昇する苦しみを越えた喜びと希望があると彼は言っているのである。すべてを越えて絶望と苦悩を乗り越え、復活と希望のキリストとして現れる宇宙のキリストと一体化することを彼は説くのである。こうして「地上」への強烈な執拗さと未来へと歩むダイナミズムの歴史の捉え方にわたしたちは思わず飲み込まれてしまうのである。それはブロッホも共有できるものなのだと、言っていい。

七 「希望」の終末論的意義の発見——コンテクストと位置づけ

ブロッホの『希望の原理』は第二次大戦後から一九八〇年ぐらいまで圧倒的な影響力をもっていた。（「現代」と言いたいが、すでに半世紀以前の）キリスト教神学界はその影響を受けた。当時は、カール・バルト、ルドルフ・ブルトマンや、第二次大戦中米国に行き、活動の拠点を米国に置き、故国には帰らなかったティリッヒの時代から、次のジェネレーションのパンネンベルクやモルトマンの活発な活躍ぶりが目立つようになっていた。大戦後の状況の中で「希望」が見直されて、キリスト教信仰生活の中心であることに気づかれるようになったきっかけであった。それに、カトリック、プロテスタント双方の思想家が相手の思想に注意するようになったことが大いに貢献した。カトリック神学界はというと、年齢的には上の世代だったが、やっと国際的な評判を獲得しはじめたカール・ラーナーと次の世代の若い神学者ヨハン・メッツ、ヨーゼフ・ラッツィンガー、ハンス・キュンクが現れた（ラーナーと同世代のハンス・ウルス・バルタザールはいわば一匹狼、全体の流れとは距離を置く存在だとみなされていた）[6]。

「希望」は長い間「信望愛」、三つの対神徳の一つでありながら、信仰、愛に比べてこれら二つの中間点とみなされ、十分に注目され、論じられてこなかったという評価を免れないであろう。カトリック側ではすでにヨセフ・ピーパーが一九四九年に『希望について』を出版していた。それは「希望」に焦点を置いたもので、すでに言及したように重要なものだが、日本で言えば新書版小冊子であった。だが一九六四年、大方の注目を浴びたモルトマンの『希望の神学』が現れた。

副題を見れば「キリスト教的終末論の根拠と帰着に関する研究」とうたわれていることからわかるように、モルトマンは「希望」を超自然、神の恵みに助けられて神をめざす単なる徳目としてばかりでなく、もっと根底からキリスト教的実存を生命としてのものであると強調した。ある意味でキリスト者の生命がキリストの復活に基づいた希望の生命であるというのが彼の中心的主張であった。もちろん彼は十字架を軽んじたのではない。しかしそれまでにあったような「主の十字架」を仰ぎ見て苦しみと悲しみと一体化する霊性ではなく、そこから復活の新しい生命にめざめ、生きることを中心に置くものであった。この考え方は上に挙げたカトリック、プロテスタント双方の神学者の共有するものとなったが、それぞれの教会神学の伝統と自己のそれまでの学問的傾向によってそれぞれ希望についての議論を展開していった。[7]

「キリスト教的終末論にとっては、未来についてのあらゆる表出をイエス・キリストの人格と歴史に基礎づけることこそが、終末論的精神をユートピア的諸精神から区別する試金石なのである」（高尾利数訳、新教出版社、一九六八、六—七頁）。モルトマンはこう述べたが、そのことによって彼はブロッホの『希望の神学』への依存度を証明している。彼は戦争から戻ったテューービンゲン大学の学生だったとき、ブロッホの講義を聞いていた。カトリック側ではヨハン・メッツが『世の神学』（*Zur Theologie der Welt*, 1973）によって現代世界へのキリスト者の積極的かかわりを終末論的実践として論じた。カール・ラーナーはこれらの機運が高まったとき、そして第二バチカン公会議で、いわゆる先験哲学の背景から希望を従来の教理神学体系における信仰と愛への従属から解放して終末論的希望が神の絶対的救いの約束によるものであり、それは神の十字架上の自己放棄と復活の約束に基づくと主張した(7)。

これはラーナーが神学顧問として大きな影響を与えた第二バチカン公会議の後、その結果によってさらに深められた考え方である。それには、つねに形骸化され、硬直化する中で、すでにキリストにおいて始められ、すでにある程度で予知できる約束された未来の人間性の回復をめざすことがうたわれている終末論的ヴィジョンによって、世界、宇宙の救いへ向けて歩む「新しい神の民（教会）」の希望のテーマが含まれている。

特に、この公会議の最後の重要な文書、現代世界における教会の司牧憲章『ガウディウム・エト・スペス』の冒頭の言葉「現代の人々の喜びと希望」は「希望」のテーマが教会＝「新しい神の民」が進んでいくべき「出エジプト」の道を暗示している。ここに神ヤーウェに導かれて荒れ野を進む教会の姿が浮き彫りにされている。「〔教会〕の共同体はキリストにおいて一つに集められ、父の国に向かう旅路において聖霊によって導かれ、すべての人々に伝えるべき救いのメッセージを受けている。……この共同体は、人類とその歴史とに現に深く連帯していると実感している」（同時に教会憲章『ルーメン・ジェンシウム』9参照[8]）。前教皇ベネディクト一六世は回勅『希望による救い』を二〇〇七年に公にしているが、その背景には大学教授時代ヨーゼフ・ラッィンガー教授として活躍していた時期の戦後から一九八〇年頃までドイツの大学を中心にした希望をめぐる精神史があるように思われる。冒頭でローマ信徒への手紙の言葉「わたしたちは、このような希望によって救われているのです」に始まる希望論が展開されていく。そして希望と信仰の一体性を次のように説いている。

「希望」は聖書における中心的な意味をもつことばです。いくつかの箇所で「信仰」ということばです。いくつかの箇所では「信仰」ということばと「希望」ということばを置き換えることができるように思われるほどです。それゆえヘブライ人への手紙は、「信頼しきる」（一〇・二二）ことと「公に言い表した希望を揺るがぬよう」（一〇・二三）とを密接に結び付けます。……「希望」は「信仰」と同じ意味で用いられています。信頼できる希望のたまものを与えられたことが、初期キリスト信者の意識を決定的に形づ

くりました。(2)

信仰は未来を現在に引き寄せます。こうして未来は単に「まだ存在しない」ものでなくなります。この未来が存在することが、現在を変えます。未来の現実が現在に触れるのです。こう現在のことがらの中に、現在のことがらは未来のことがらの中に注ぎ入ります。(7)

ちょうどこの原稿を書き終わろうとしていたとき、カトリックの幼児洗礼を受け、新マルクス主義から転向し、もとのカトリックにもどった批評家テリー・イーグルトンの『楽観主義なしの希望』が出版されたのを知った。「希望はいつも進歩の理論に結びつけられるべきものでない。事実、ユダヤ・キリスト教は二つの間の結びつきを破壊するのである」[9]。キリスト教的「希望」とは人間的に将来を眺め、蜃気楼を前方の空中に描くものではなく、現教皇フランシスコが使徒的勧告『福音の喜び』で引用されている以下のパウロの言葉に基づく希望なのである。「主において常に喜びなさい。重ねて言います。喜びなさい」(フィリ4・4)。たとえ絶望的であっても、それを無限に超えるものを見て喜ぶのである。「希望とは終わりの終止符である」[10]。

註

（1）本論中の引用は、聖書は新共同訳、教皇回勅と教会公文書はカトリック中央協議会のもの（文書末の数字は段落番号）、外国文学作品の翻訳のうちすでにあるものの使用は引用末に翻訳、出版社、出版年と頁を記した。『希望の原理』からの本文中の引用は拙訳。

（2）「希望」を古典思想、旧新聖書学を中心に包括的に分析したものは以下である。Matthäus Woschitz, Elpis Hoffnung, Geschichte, Philosophie, Exegese, Theologie eines Schlüsselbegriffs, Freiburg: Herder, 1979. 聖書字句索引では福音書の段階でただ一か所マタイにしか、ギリシャ語エルピスの用例がない。本書は「希望」の考え方が共観福音書の前に存在したQ資料の段階から内容的に「希望」の考え方の展開があることを指摘している。

（3）『カトリック教会のカテキズム』は確かに二七回『ローマ要理書』(*Catechismus Romanus*)に言及し、その伝統的枠組みを踏襲しつつも、第三部「キリストにおける生命」、第一部「人間の召命・聖霊における生命」の中で人間をペルソナ＝「神の似姿」として位置づけ、三つの対神徳論を展開している。その点で希望を「主の祈り」に関連付けながら、天国の功徳への願望に結びつけ、誘惑に対抗する時にする際に無視されるべきでないものとして取り扱っている。

（4） Norman Vance, *Bible and Novel: Narrative and the Death of God*, Oxford: Oxford UP, 2013, 四一頁と一九五頁参照。

（5） 拙稿「E・ブロッホの『希望の原理』とユートピア思想」、山本和編『死と終末論』（今日の宣教叢書8）創文社、一九七七、二四五―二八〇頁、「神の死の終末論――E・ブロッホにおける非神話化と神の問題」『現代における神の問題』（今日の宣教叢書9）一九七八、一九九―二三六頁、「世界の未來――E・ブロッホのメシア主義をめぐって」『キリスト教の将来』（同叢書10）一九八〇、九九―一三二頁参照。ちなみに、ブロッホの主な作品『ユートピアの精神』、『希望の原理』、『キリスト教の中の無神論』、『世界の実験』は邦訳がある。

（6） ブロッホの八〇歳の誕生日の記念論文集 Ziegfried Unseld(hrg), Ernst Bloch zu ehren (Frankfurt: Suhrkamp, 1965) にはモルトマン、パンネンベルク、それにメッツが寄稿し、ブロッホの希望の思想に勇気づけられ、未来から訪れる神への希望に向けて信仰者が成長するように語りかけている。詳しくは、上掲の「E・ブロッホの『希望の原理』とユートピア思想」注六七参照。三人それぞれの寄稿論文はパンネンベルク「希望の神」。（今、それぞれの核心的言説を挙げるならば以下である）。（「神学において未来は神の存在様式とはこれまで考えてこられなかった、イエスの終末論的福音において神と来るべき神の支配がひとつであったにもかかわらず」）（二一七頁）。メッツ「神学的議論に代えて——わたしたちの前を行く神」。（「キリスト教的な意味での希望とは、神のより大いなる未来に自分を埋没させる——へり下って、受身ではなく——ことである」）（二四〇頁）。モルトマン「キリスト教神学における〈新しさ〉（Novum）のカテゴリー」。（「我々の前方の神——この短い現代の神学的瞑想において現代のキリスト教的視座が短く、あまりにも少なく意識している道程を知らせようと試みる」）（二二七頁）。これに加えて一世代前の大物パウル・ティリッヒも「希望への権利」を寄稿している（「希望は人間存在の根源的力に属しており、人間の実存全体の推進力として彼に同伴するのである」二六六頁）。

（7） M. R. Tripole, "Theology of Hope", *New Catholic Encyclopedia* (Revised) vol.13, 925-27. 寄稿者は現代カトリック神学の「希望の神学」の項目をブロッホのことから始めている。

（8） 相前後して「旅する神の民」の考え方を定着させたのはオスカー・クルマン（『キリストと時』一九四六、『歴史としての救い』一九六五、エルンスト・ケーゼマン（『旅する神の民』一九三八、ハンス・コンツェルマン『時の中心』一九五四）であった。

（9） Terry Eagleton, *Hope without Optimism*, University of Virginia Press, 2015, p.27.

（10） Umberto Eco/Cardinal Carlo Maria Martini, *Belief or Non-Belief: A Confrontation* N.Y., Continuum, 2000, p.23.

善い行いと希望

ホアン・アイダル

私は言った。「私はむだな骨折りをして、いたずらに、むなしく、私の力を使い果たした。それでも、私の正しい訴えは、主とともにあり、私の報酬は、私の神とともにある。」（イザ49・4）

私は司祭です。まだ歳若い頃、修道生活に入り、神と人のために命を捧げたいと熱心に望みました。修道生活に入る前、大学に入ろうと思った時、何を勉強するかとても迷いました。なぜなら、好きなこと――文学・音楽・建築など――がたくさんあって何を選べばよいかわからなかったからです。その一方で自分自身に言い聞かせるのが常でした。一度限りの人生を無駄に費やす必要はない、この唯一の命をあまり価値のないものと交換する必要はないと。

だから、意味のある貴重なことのために命を捧げたいという強い欲求を持っていたのです。したがって、何を勉強するか決めることも、私にとって重大でした。

その頃、初めて修道生活への呼びかけを感じました。修道生活は、私が探し求めてきたものだと絶対的に確信しました。私は神のために生きること以上に、生きるのに貴い道を想像できませんでした。そうして一八歳の時、イエズス会に入りましたが、山ほど望みを抱えて、たぶん少し幼なげだったでしょうけれど、神のために何か大きなことをしたいと願っていたのです。

イエズス会に関しても、修道生活に関してもがっかりしませんでした。しかし、自分のことでびっくりして、がっかりしました。まず、最初にぶつかったのは、自分の限界でした。例えば、ノヴィスの時期にはとても貧しい人々の住む場所へ頻繁に通い仕事をしましたが、そうした場所へ行った日は決まって悲しく満たされない気持ちで修練院に帰りました。自分は隣人に何もしてあげられなかった、辛い生活を送りながらも信仰に満ちた人々に、何も話したり教えてあげたりできなかった、と気づかされました。私よりもっと苦しんでいる人々の方が、私よりもっと神を信じていました。このことは、私に託されたほとんどすべての仕事において起こりました。自分は何もできなかった、少なくとも神のために大切なことは何も、と感じていました。

時が経つにつれ、私は修道生活に慣れてくると、この人間存在の卑小さの問題は、私が思っていたよりずっと深いと理解するようになりました。経験のなさは時間で直る問題ですが、私たち人間存在の小ささは違います。そして、ここにこそ真の問題があります。善はいつも小さいので、神のために何か大きなことはできません。悪は大きいが、善は小さい。善人の人生はいつも隠れた人生であり、ほとんどの人が気づかない人生です。

幼きイエスの聖テレジアはよくこう言っていました、「大きな聖人はいません。聖人方はいつも小さいです」。おそらく、これは善の小ささを物語っていると思われます。私が司祭に叙階される前、黙想指導を受けていた時、心に深い悲しみを感じたことを思い出しました――心で、世界が変わるのは無理だと意識したから――。大半の人々は、宗教にも善にも無関心です。聖人方でさえ世界を変えることができなかったとしたら、私に何ができるでしょうか？　私の人生は、最もうまくいっても、無駄に費やされるだろう、と思いました。

しかしながら、目に見える実を世界に生み出さない人生を送ることに意味があるでしょうか？「善の小ささ」とは、美しく敬虔な言葉それ以上のものでしょうか？　正直に言って、多くの人が心の中で世界に良いことをしたいと願っているかを疑うこともできます。

数か月前、私はあるカルメル会修道院に講話をしに短期滞在しました。シスターたちの聖性を間近にし、心動かされました。けれども、多くの人は、このように観想修道会の禁域にこもって生活している人々を目にしたとき、正直なところ「このように世間から隠れて生活することに意味があるだろうか」と自問するのではないでしょうか？　こうした問いかけをテーマに、善の意味の問題、もしくは「義人の希望」について、以下お話しいたします。

個人的に私にとってひじょうに惹きつけられる思想家たちは、私が求めてきた問題へ何らかの回答をもたらしてくれた思想家です。そのため本稿では、今紹介した問題、「善業・善い行いの意味」という問題についていくつかの大切なヒントを示してくれた、現代のユダヤ人思想家ヴァルター・ベンヤミン(1)（一八九二―一九四〇）の考えを提示したいと思います。

一　ベンヤミンの第一の回答――権力者の歴史と善人の歴史

歴史の意味と善業の問題は、ヴァルター・ベンヤミンの思想の中心的な問題だと言えます。とはいえ、彼の思想の専門家によれば、また私が彼の著作を読んだところでは、ベンヤミンの作品には、私たちが抱えている問題に対して少なくとも二つの回答が存在します。まず一つ目の回答を紹介しましょう。

彼の若い頃の著作から最後に著した作品まで、さまざまな形式において、ベンヤミンには二つの並行する歴史観が存在し続けており、それは勝者の歴史と敗者の歴史です。おそらく、よりよく言うなら、権力者の歴史と善人の歴史です。ふつう私たちが子供の頃から歴史の本や教科書を通じて学ぶのは、権力者ないし勝者の歴史にほかなりません。歴史の本で注意を払われる歴史の典型的な主役たちは、当然ながら権力者であり、大抵の場合、勝者です。ジュリアス・シーザー然り、織田信長、ナポレオン然り。仮にガンディーが歴史の教科書に登場しても、彼が善人だったゆえではなく、ただ単に彼の平和主義的革命が成功したからです。もしもカルカッタのマザー・テレサがあんなにたくさんの看護施設を建てないで、彼女の言葉や慈善行為が世界に知れ渡らなくても、聖女に変わりはないでしょうけれども、どんなマスメディアにも登場しないでしょう。

もしこうした歴史家たちに尋ねるなら、彼らの大半はきっと私たちにこう言うでしょう、歴史の本で取り上げている歴史は勝者の歴史でも敗者の歴史でもなく、ただ単に客観的な歴史であり、客観的に世界で起こったことを、人間的な解釈を交えずに綴った歴史であると。ベンヤミンの考えでは、これは誤りであり、よりよく言えば、嘘です。歴史の教科書で取り上げられる歴史は、歴史は暴力・武力によって、とりわけその勝利によって変えられると考える人々を物語る歴史です。ベンヤミンによりますと、普通「客観的な歴史」と呼ばれているものは、世界の救済の主観的で、しかも間違った理解にすぎません。

それゆえ、ベンヤミンは「歴史主義[2]」と呼ばれる思想を批判しています。歴史主義は、資料に基づき「客観的」歴史を語ることを意図しています。この方法で歴史を語るなら、歴史家が出来事の解釈に介在することはないか、最小限に抑えられる、と推測されています。

ランケやトライチュケからマイネッケに至るまで、歴史主義はドイツ歴史記述学派の公式教義だった。その方法論的定理は、一九世紀に理解されていたような自然諸科学から借用されていた。すなわち、「事実」の客観性への信仰であり、純粋に帰納的な方法への依拠であるが、前者の信仰においては、「科学的事実」をモデルとして歴史的事実が考えられており、後者の帰納的方法はというと、諸事実を蓄積してそこから客観的諸法則を、それも事実そのものの客観性と同じくらい確実な客観性を有した諸法則を引き出そうとする。この二重の信仰は歴史主義の方法を厳密に実証主義的なものとして定義していた。とはいえ、この方法は歴史的時間についてのある見地、もっと一般的にはひとつの歴史哲学をも同様に含んでいた。歴史主義は歴史的時間を物理的時間、もっと正確にはニュートン的時間に則って考えていた。言い換えるなら、連続的であると同時に線形的な媒体としてであるが、そこでは、原因と結果の無際限な連鎖が断絶なく展開されるのだ。

他方、歴史主義の方法の「科学的」性質はというと、客観的なものとみなされた過去認識を科学主義に保証するもので、この性質が、過去の真実の再構築、言い換えるなら、過去の出現を説明してくれるような諸条件の総体の再構築という理想へと向かうことを科学主義に許容するのだ。まずは観察者の視点への一切の顧慮を非科学的なものとして排除する、そのような手続きへの信仰をつうじて、歴史主義は、みずからの探究の理想的終点として、それを前にして歴史的対象それ自体が消失してしまうような真理の場所として、歴史的対象を構成する。この意味では、どんな歴史的対象も、その諸規定の全体がひとたび理解されると、歴史主義にとって真理を有している。その結果、歴史的相対主義が生じるのだが、それが歴史主義の歴史哲学を最も深いところで特徴づけているのである。(3)

これまで辿ってきたように、ベンヤミンの考えでは、歴史主義は、歴史上の出来事を客観的に語るどころか、自然的進化のモデルに従って人間の歴史を理解しています。自然的な進化や歴史においては、唯一の関心事は目に見える結果です。一方で、「目に見える結果」と呼ばれるものは力の増大にほかなりません。この方法による歴史の理解は、私たちの人生観・生命観に大きな影響を及ぼします。まず初めに、私たちが小さなものや弱いものに価値を見出そうとするのを妨げます。もし唯一の関心事が力による進化や結果だとしたら、取るに足らない小さな者、隠れた行為、誰も評価しないようなことが存在することに、どんな価値があるでしょうか？　このような観点から歴史や人生・生命を見ている人は多いのです。聖人たちはひじょうに好意的で理想主義的な人物だが、社会や歴史に何も現実的影響を及ぼさなかった、と考える人は多いです。つづいて、自然進化の型に従って人間の歴史を理解するとき、第二に派生する帰結は、悪の相対化です。この歴史観では、唯一の関心事は目に見える結果であり、あらゆる残虐行為、あらゆる罪は相対化されるおそれがあります。自然の進化によれば、自然界の多くの種の絶滅とあらゆる残虐性は正当化されるように、最悪の罪でさえ歴史の総体的な流れの中で「必要悪ないし不可避の悪」のようにされてしまうのです。

ある人が、「進歩」という目的の下で苦しんだ人すべてを忘れることなく、またその名の下で隷属させられ殺害された人すべてを忘却せずに歴史を見る時、歴史はただ恥辱を感じるしかないカタストロフィだと気づかされます。

「新しい天使」と題されているクレーの絵がある。それにはひとりの天使が描かれており、天使は、彼が凝視している何ものからも今は遠ざかろうとしているように見える。彼の眼は大きく見開かれていて、口は開き、翼は展げられている。〈歴史の天使〉はこのような様子であるにちがいない。彼は顔を過去に向けている。われわれであれば事件の連鎖を眺めるところに、彼はカタストロフだけを見る。そのカタストロフは不断に廃墟に廃墟を積み重ねて、彼の足元へと廃墟を投げ捨てる。彼はそこに滞留して、死者たちを甦らせ、破壊されたものを修復したいのだろう。しかし、楽園から吹いてくる嵐が彼の翼を膨らませ、その風の勢いがあまりに激しいので、彼は翼を畳むことができない。この嵐は天使を、彼が背中を向けている未来のほうへと抗し難い仕方で運んでいく。その一方では、彼の眼前の瓦礫の山が天に届くばかりに高くなる。われわれが進歩と名づけているのはこの嵐なのである。(4)

歴史主義は悪を相対化したり正当化しつつ小さな者の価値を考慮させないため、ベンヤミンは歴史主義は一九世紀において「麻酔的に強力でした」と語っている。

フォロベールは、「カルタゴを蘇らせるのにどれほどの悲しみを味わわなければならなかったか、それを推し量る人は少ない」と書いている。歴史主義の歴史記述者はそもそも誰に感情移入しているのか、という問いを立ててみれば、この悲しみの本性がいっそう明瞭になる。勝判者に、と言う以外に答えようはない。だが、そのときどきの支配者とは、それ以前に勝利を収めたすべての者たちの遺産相続人にほかならない。したがって勝利者への感情移入は、いつも、そのときどきの支配者に役立っているのだ。これだけ言えば歴史的唯物論者には十分である。今日に至るまで勝利をかっさらっていった輩はみな、いま地に倒れている者たちを踏みつけて進んでゆく今日の支配者たちの凱旋行列に加わって、ともにいる。この凱旋行列のなかを、いつもそうされてきたように、戦利品が伴われて行進する。戦利品は文化財と呼ばれる。これらの文化財は、歴史的唯物論者が冷徹な距離を保った観察者であることを、覚悟していなければならないだろう。というのも、この観察者がそのまなざしに見てとる文化財は、どれもこれも、ぞっとせずには考えることができない素性のものなのだ[5]。

だからこそ、ベンヤミンは、私たちが視点を変えるように、「敗者たちの歴史」と呼ぶものを選択するように薦めているのです。おそらく「善人たちの歴史」と呼んだほうがより適切だったでしょう。ベンヤミンが用いた「敗者」という言葉が想定しているのは、弱い人は皆善人とは限らないとはいえ、善人は皆確かに弱い人であり、ある意味で敗者だと言えるだろうということです。

このような伝承によって構築された過去のイメージを、ベンヤミンは「勝者たちの歴史」と呼んでいる。この歴史を特徴づけているのは、それが世代から世代へと伝達されていく際の連続性である。実際、かかる連続性は、歴史が確実に持続するために不可欠な条件である。歴史が繰り返し審問されうるためには、歴史記述的伝承の連続性がある地点で断たれるのでなければならない。まさにこの地点に歴史家は介入して、過去へと新たな眼差しを投げかけ、「敗者たちの歴史」を忘却から救い出そうとする。その場合、歴史家が解する意味での歴史の構築は「無名の者たちの記憶に献じられる」ことになるだろう。歴史的展望のこの根底的変化、忘れられた者たちの記憶を引き受けようとするこの意志はたしかに、この語の最も広い意味で政治的と呼びうるような態度決定の帰結ではあるが、ベンヤミンにとっては、それは同じく倫理的決断としても呈示されている。(6)

善の観点から歴史を解釈することは、まさにすべての預言者たちの任務です。ベンヤミンが考えるに、預言者だけが歴史の意味を理解することができます。預言者であるとは、魔術師や占い師であるのと同じではありません。タルムードの書物には、魔術師は殺すように、預言者は試してみるように、薦めているものがあります。

「あなたは魔術師を生かしてはならない。それにたいして預言者については、彼が預言したしるしが現れるかどうかを吟味せよ」とトーラーは命じている。

魔術師や占い師は、これから起こることを知ることができる者です。それに引きかえ、預言者は出来事の意味を知ることができる者です。もし仮に、イエスが受難の前に占い師に相談したとしたら、彼の死を予告されたでしょう。しかし、預言者だけが、パレスティナの辺境で十字架にかけられた彼の死が全世界に救いをもたらすと予告できたでしょう。

したがって、現在を政治的に理解するためには、ある意味では未来を知らなければならない(anticiper)。とはいえ、ここにいう「知ること」は予期(prédiction)の秩序に属してはいない。あたかも将来が不可避的に現在に刻印されているかのように。むしろなすべきは、チェスの指し手が盤上の駒の配置を読むような仕方で、言い換えるなら、この配置に含まれた不確実な展開をあらかじめ勘案しつつ、現在を判読することなのだ。すでに乗り越えられて過去と化した状況の反復もしくはその痕跡しか現在のうちに決して発見することのない、現在についての愚直な、言い換えれば非政治的な知覚とは反対に、与えられた星座=配置の政治的読解は、この星座=配置を未来の方向へといわば一駒分移動させるような読解となろう。ここで「予言」(prophétie) について語ることができるとしても、ベンヤミンの書くところでは、「かかる予言は未来を予言するのではない。それは、今鳴ったのが何時なのかを示すだけで満足するのだ」。このようなものはまた、ベンヤミンにとっては、本来的な歴史的認識の審級でもある(7)。

預言者が見る歴史と歴史家-占い師が見る歴史とは、実際ほとんどの場合において異なります。預言者的に歴史を見るか占い師のように見るか、その間にある相違を理解する助けとなる例は、ユダヤ人のエジプトからの脱出の出来事です。ユダヤ人にとっては普遍的な歴史の中で最も重要な出来事として扱われます。三二〇〇年前から連綿と、今日でさえ非常に重要な出来事として想い起こされ続けています。しかしながら興味深いことに、これほど重要な出来事なのに、「公的な」歴史の記録には実際何もありません。私が読んだところでは、古代エジプト王国へのユダヤ人の入植を示すような文書は何かありましたが、彼らの出国を証しする文書は見当たりません。預言者たちにとっては歴史の中心的な出来事として扱われます。歴史家たちにとっては何の重要性も顧みられない出来事として扱われます。疑いなく、預言者たちか歴史家たちか、どちらかが歴史の見方を絶対的に誤っているのです。

エジプトの歴史家は、ベンヤミンが「勝者の歴史」と名づけた視点しか与えません。エジプトの歴史家は、世界の歴史家たちが行っていることをやっているだけで、つまり、歴史上目に見える痕跡を残さない弱い人たちは歴史の発展に何も影響を及ぼさなかったと推定するのです。

カフカの作品に『隣村』という題の短編があります。ベンヤミンがこの短編をよく知っていて、何かコメントを記しています。『隣村』という文章は歴史主義者たちの歴史を笑い種にしており、「預言者的に」出来事を考察することの意味を深めるに役立つと思いますので引用します。

私の祖父はこういうのがつねだった。「人生は驚くほど短い、わしの思い出のなかでは、人生は今日そのきわめて小さな縮図に縮められているので、たとえば若者が馬で隣村に行こうと決意した場合、一切の偶発的事故は別としても、無事に展開していく通常の一生ではこの散歩にはまったく足りないのではないかと危惧せずに済むなどということはほとんど理解できない」、と。(8)

この物語のお祖父さんはある種の預言者です。なぜなら、歴史とは「客観視する」歴史家とは絶対的に異なる視点から見なければならない、と説明しようとする人物だからです。異なる視点から見ると、出来事の論理は変わり、物理的ないし自然の法則とは必ずしも一致しません。

このコンテクストにおいて、「ユートピア」という言葉が用いられています。ベンヤミンが言うには、詩人と革命家と預言者は出来事に存在するユートピアを物語ることができます。とはいえ、気をつけなければならないのは、ベンヤミンにとってユートピアという言葉は、伝統的な捉え方のように、完全な未来の王国が歴史上に「進歩へ向かう漠然とした傾向」を生じさせるのではなく、歴史上にすでに存在する善を指し、大半の場合は弱者や蔑まれた人々の様相を呈するため隠されています。

一九一四年の著作『学生の生活』の本文で、彼はユートピアを進歩に置き換える人々の考えを批判しています。

時間の無限性への信頼にもとづくある歴史観が存在しているのだが、この歴史観はというと、進化の道に即して人間と時代が前進していく際のリズムを、時に速く、時に緩慢に変化させることで満足している。このような歴史観には、どんな一貫性も、どんな精確さも、どんな厳密さも欠いた、現在に対する諸要請が対応している。以下の考察は逆に、歴史的過程があたかも炉のなかでのようにそこで凝縮され、不動化してしまうようなものごとの状態を、哲学者たちによっていつも描かれてきたユートピア的イメージのごときものとして定義することをめざしている。その場合、歴史の最終状態の諸要素は、進化への漠たる傾向の形式をまとってではなく、逆に、一切の現在の只中に宿った働きと観念の形式をまとって現れる。現在という、まさに最も脅かされ、最も非難され、最も嘲笑されたものが重要なのだ。歴史家の課題は、なおも内在的なこの完成状態について絶対的なイメージをもたらし、この状態を可視的なものにし、それを当の現在のなかで君臨させることである。ただし、ものごとのこの状態は細部制度や慣習などの実用主義的記述によっては喚起されえない。というのも、歴史家が異を唱えているのはまさにこれらの細部なのだから。ものごとのこの状態は、メシア的王国の観念もしくはフランス革命の観念のように、形而上学的構造としてそれを把握しなければならない。(9)

蔑まれた様相を呈する歴史的出来事のうちに善が存在するというこの発想には、ベンヤミンが感化されていたカバラの影響が特に顕著です。カバラ（ユダヤ神秘主義）は一三世紀にスペインで生じた思想運動です。ベンヤミンはカバラの研究者であるゲルショム・ショーレムの友人で、ショーレムはとりわけ「偽メシア」と呼ばれていたサバタイ・ツヴィ（一六二六―一六七六）(注＊)について研究していました。サバタイ・ツヴィは一七世紀のカバリスト

（カバラ―ユダヤ神秘主義者）で、大勢の追随者・信奉者を結集しようと企んだのですが、最終的にユダヤ教を棄教しました。興味深いのは、ツヴィも彼の追随者・信奉者たちもこの棄教を神から受けた使命として解釈したことです。モーセと同じように、ツヴィは山に登り、神から一一番目の戒めを授かり、そこには「元々の一〇の戒めには従わず、律法を違反とするように」記されていたそうです。悪のうちに善が存在することは、ベンヤミンが生涯に渡って真に取りつかれていた観念です。

〔注＊〕近代ユダヤ民族史にもっとも影響を及ぼした偽メシアとして知られるユダヤ人。トルコのスミルナ（現イズミール）で生まれ育つ。少年期にカバラに目覚め、青年期に修得し、預言者から救世主とみなされ、多くの信奉者を得た。一六六六年、オスマン帝国で捕えられ裁判にかけられた際、イスラム教に改宗し、ユダヤ社会に大きな波紋を投じた。追放先のアルバニアで客死。彼を救世主と信じた集団はサバタイ派と呼ばれ、急進的なメシアニズム（救世主待望論）を掲げて一七世紀半ばのユダヤ人社会を熱狂の渦に巻き込んだ。衰退後の一八世紀においてもツヴィの信奉者は継続的に一定の勢力を保ち、後に誕生したハシディズムに影響を与えた。〔訳注より〕

二　ベンヤミンの第二の回答――メシア的瞬間

ベンヤミンの著作物には、私たちが論じている問題に対する第二の回答があります。私たちは「善い行いの意味に関して」と称し、これまでその問題を扱ってきました。二番目の回答において、ベンヤミンは二つの並行する歴史（権力者の歴史と善人の歴史）ついては語らず、彼自身が名づけた「メシア的瞬間」について述べています。いつものように、ベンヤミンは彼の考えを説明するために多くのイメージや語句を用いています。

歴史は、進化の不可逆的運動を証示するどころか、時間の各瞬間において絶えず再開されるある闘争の場所である。ここにいう闘争とは、『諸天体による永遠性』でブランキ（一八〇五―一八八一）によって例証されたような《同一者》の不断の回帰への強迫的傾向と、無数の可能事の只中での絶対的に新たなものの出現とのあいだの闘争のことで、ベンヤミンはこの絶対的に新たなものを《救済》と名づけた。かかる闘争の結果はつねに不確実だが、歴史家は、過去の各瞬間に含まれた根底的な新しさの部位を解き放つべく努力することで、こうした闘争のなかに介入する。歴史の運命はしたがって歴史家にとっての現在に懸かっている。そして、この現在こそ《最後の審判》の真の場所なのである。ベンヤミンは『歴史の概念についてのテーゼ』の準備的覚書のなかで書いている。「私が出会うであろう者は誰でも、そのような者として裁かれるだろう」という福音外典の言い回しは《最後の審判》に奇妙な光を投げかけている。この言い回しは、《最後の審判》を毎日開かれる軍事法廷とみなしたカフカの箴言を思わせる。けれども、福音外典のこの言い回しはそれ以上のことを語っている。それによると、《最後の審判》の日は他の日々といかなる点でも区別されないのだ。[10]

彼の著作中さまざまに現れるイメージ[11]のひとつは、星々のイメージです。ベンヤミンによれば、善い行いは夜の空に輝きながら、夜の絶対的な力を疑わせる「星」に喩えられることができます。さらに星々は、歴史の流れと対照的に不動で永遠なもののイメージです。出来事が通り過ぎるが、善は通り過ぎません。それゆえ、善を行う者は永遠なるものに基盤を置く生き方を通して、いわゆる「歴史的進化」に人生の基盤を置いてきた人々を批判するのです。そのため、ベンヤミンの若い頃の著作と違って、ここで「善人の歴史あるいは善の歴史」という表現はふさわしくありません。「善」に留まるということは、いつも同じ場所、または同じ瞬間にいることです。永遠に変わらないものに根をおろしながら、永遠に変わらないものの証を立てることです。

ベンヤミンの著作において、善と歴史の間にある関係を叙述するために現れる別の美しいイメージは、各自が持つ「固有の名前」です。

両親が子供に与える名前——この名前にはいかなる客観的認識も対応していない——は、人間の言語のなかに神の言語が残存していることの唯一の痕跡であると主張している。実際、いかなる対象にも対応することなきこのような名前は、アダム的言語の状態に先立つ状態、すなわち、神的言語が現実を創造するものとして呈示されるような第一の段階（『創世記』の最初のいくつかの聖句がそれに言及している）に送り返される。同様に、人間は彼が担う名前にもとづいて自分自身の運命を鍛え上げる能力を神から借り受ける。神的言語と人間の言語との中間的審級としての人物の名前は、誕生と共に受け取られた所与であると同時に、永続的創出の源泉でもある。人間の各々に、彼の名前は神による創造を保証する。この意味では、名前それ自体が創造的である。ある人間の名前はその人間の運命であるとする直観をつうじて、神話学的叡智がそのことを表現しているように[12]。

両親が子供に与える名前は文脈に由来しないユニークな意味を持っています。同様に、善良な人間であることは、ユニークな名前を持つことであり、その名前の価値はどんな文脈にもどんな全体性にも依存しません。歴史の進化は、善い行いや善い人生の価値を審判するには値しません。それゆえ、想像はできますが、究極の審判者はこんなことを尋ねないでしょう。「あなたの人生は属していた国や会社・組織や時代が大きくなるようにどんな貢献をしましたか?」。その代わり、「あなたの人生は善に対して誠実でしたか?」。同じことですが、「あなた自身の名前に忠実でしたか?」と訊かれることでしょう。

ベンヤミンが言うには、また善良な人々はカバラで語られるところの「新しい天使たち」に似ています。これらの天使たちは、神の玉座の前でその栄光を一瞬歌うというユニークな使命を有します。その後は永久に消えてしまうのです。これらの天使たちはまた、歴史の進化をほんの一瞬遮って、永遠なるものを証するという預言者的使命を果たします。

「私がベルリンで住んでいた部屋のなかでは、このもうひとつの名前の(……)肖像画——新しい天使——が壁に懸けられていた」、とベンヤミンは書いている。ただし、この天使はベンヤミンの歴史哲学にとっての中心的直観を象徴的に表してもいた。彼はこう付け加えている。「カバラが物語るところでは、神は各瞬間に数多の新しい天使を創造するのだが、これらの天使の各々はただひとつの機能しか有していない。無のなかに消滅していくに先立って、神の王座の前、神への讃歌を一瞬だけ歌うことがその機能である。自分の名前を私に明かすのを承諾するに先立って、新たな天使はこれらの天使のうちのひとりとして私に現れた」、と。ベンヤミンにとっては、《歴史》の意味はその進展の過程のうちで開示されるのではなく、その外見上の連続性の断絶のうちで、その亀裂と偶発事のうちで開示されるのであって、そこでは、予見不能なものの突然の出来事が歴史の流れを中断し、そうすることで、一瞬のうちに、根源的真理の断片を啓示するのである。[13]

私が個人的に、歴史を考察する方法で非常に気に入っている表現は、歴史的各瞬間に訪れるメシアのイメージです。

メシアニズムは線的で連続的な時間の果てで生じるであろう絶頂への待望としてではもはやなく、時間の各瞬間に与えられた、新たなものの到来の可能性として認知される。ユダヤ人たちにとっては、「各秒か、そこを通ってメシアか入って来うる狭き門だった」のである。[14]

ユダヤ人にとって、メシアの到来は、世界の救済と審判を表します。一方、よく知られているように、ユダヤ教ではメシアの到来を理解するさまざまな方法があります。例えば、メシアは歴史の終わりに世界を救済し審判するために現れるだろうと考える人もいれば、メシアは歴史上に何度もさまざまな方法で現れると考える人もいます。後者の方法ではタルムードが好例で、「各時代がメシアを持つ」とか、「メシアの到来に関してこの日あの日という違いはない」と言われています。この方法で、ベンヤミンはメシアの到来を理解していたようです。すなわち、歴史の終わりに現れるかの人としてではなく、善い行いが実践されるたびに出現している方としてです。善い行いの一つひとつが世界の救済であり、神のお考え通りに――その審きのままに――人々や世界を動かしていくときに、「勝者の歴史」に希望を置く人皆に作用するやり方へのラディカルな批判に役立っていると思われます。

この段落で述べたことを理解する助けに、二つの文章をもって締めくくりましょう。はじめの文章はユダヤ哲学者エマニュエル・レヴィナスから、次はバビロンのタルムードから引用します。

メシアとは苦しむ義人であり、他者たちの苦しみを背負っている人です。すべての人がメシアなのです。メシアニズムとは、歴史を停止させるある人間の到来を確信することではありません。それは、万人の苦しみを引き受けるわたしの力です。それは、わたしがこの力とわたしの普遍的責任を認識する瞬間です[15]。

ラビ・ヨシュア・ベン・レヴィは、ある日、預言者のエリヤと会う幸運に恵まれました。預言者エリヤは、周知の通り、メシアの先駆者です。ラビ・ヨシュアは、彼に関心に値するただひとつの質問をします。「メシアはいつ来るでしょうか」。預言者エリヤは、答えることができません。彼は部下に過ぎないのでしょう。――「ならばメシア自身に聞きに行け」。――「どこにおられますか」。――「ローマの門におられる。苦しむ義人たちのあいだにおられる、傷だらけの乞食たちのあいだにおられる[16]」。

結論

このように、ヴァルター・ベンヤミンの思想には、歴史の問題とその善との関係に対して少なくとも二つの回答があると言えるでしょう。

第一の回答には、マルキストが歴史を理解する方法がベンヤミンに作用した影響を明確に認められます。そこでベンヤミンが語るのは、一つは力から生まれる歴史、もう一つは善から生まれるという二つの並行する歴史が存在するということです。力がうち建てるほうを、ベンヤミンは「勝者の歴史」と名付け、善から生まれるほうを「敗者の歴史」と呼んでいます。ベンヤミンの考えでは、力がもたらす進歩は虚偽の進歩です。戦争と暴力を通じて、帝国的支配とその建造物は進歩しますが、人間らしさに関してはゼロです。それゆえ、ベンヤミンは私たちに「敗者の歴史」において働くよう招いており、つまり、直接目に見える結果には気を留めず、善をもたらす総ての物事に寄与する歴史のために働くようということです。ベンヤミンはまた気づかせてくれます。これら二つの歴史は必ずしも並び立って進行しているわけではなく、多くの場合対立し合っています。「勝者たち」にとって重要と考えられる出来事や人物たちは、逆に「敗者たち」の関心を欠きます。預言者たちだけが、より良い世界の建設に役立つ善い行いの価値を識別できます。

さりとて、ベンヤミンの思想には第二の回答が存在します。この第二の回答には、ユダヤ思想の影響がいっそう顕著です。第二の回答において、ベンヤミンはもはや二つの異なる歴史について語ろうとはしません。善は、ここでは「メシア的瞬間ないし救世者・主」と命名されています。ベンヤミンの考えでは、義人の使命は世界を裁き贖うことです。ユダヤの言語で表すなら、この世界へメシアの到来を実現させることです。とりわけ、ここで理解すべき大切なことは、ベンヤミンにとってこの裁きと救済は歴史の終わりに期待されるものではありません。善い行いが実現されるたびに起こるのです。ヘーゲルが考えていたこととは反対に、歴史が善良な人々の行為を審判するのではなく、善良な人々が歴史を裁定するのだとベンヤミンは考えているのです。

註

（1）ヴァルター・ベンヤミン（一八九二―一九四〇）は元々ユダヤ人のドイツ思想家であった。フランクフルト学派の思想家たちと協働したが、中心的なメンバーには決してならなかった。思想を和らげる影響の中で、マルキシズムやユダヤ神秘主義思想と出会った。後者は、主に友人のゲルショム・ショーレムの研究を通じて知った。彼の著作は、哲学やユダヤ思想から社会学や文学批評にまで及んでいる。

（2）歴史主義と呼ばれている思想は一九世紀に形成されたものである。人間的・社会的世界は生命の躍動のうちに生成・発展するプロセスであり、これを有機的全体として歴史のなかで捉えなければならないとの主張が生まれた。レオポルト・フォン・ランケ（Leopold von Ranke, 1795. 12. 21-1886. 5. 23）をその始祖として挙げることができる。ランケは、一九世紀ドイツの指導的歴史家。実証主義に基づき、史料批判による科学的な歴史学を確立した。実証主義的な研究法と教育方法は、ドイツ国内のみならずイギリス・アメリカの歴史学に大きな影響を与えた。ランケの処女作である『ラテン及びゲルマン諸民族の歴史』Geschichte der romanischen und germanischen Völker von 1494 bis 1514（一五一四年で執筆は中断された。一八二四年に公刊）には、既に以上のような歴史的思考法によって、ラテン、ゲルマン諸民族の西ヨーロッパにおける共同体の形成や、キリスト教と人文主義の文化価値の統合、キリスト教的神の世界史における影響などが余すことなく記述されている。この処女論文は彼の以後の歴史学を規定すると共に、ベルリン大学での五〇年間の教育活動への道を切り開いたものである。事実は、史料批判によって確証された記録にもとづいて、歴史家の主観を排した直観的把握によって理解されるものとされた。彼は歴史をもっぱら政治史の次元でとらえ、もっとも有力な国家にその時代の本質をみて、「それがいかにあったか」を叙述することを歴史家の課題とした。なお、ランケ史学は、一八八七年、東京帝国大学史学科設立に外国人教師としてまねかれて、史実確定に重きを置くその実証主義的方法は戦前の日本正統派歴史学の基調となり、大きな影響をあたえた。（『岩波・哲学思想事典』）

（3）『歴史の天使――ローゼンツヴァイク、ベンヤミン、ショーレム』ステファヌ・モーゼス著、合田正人訳、法政大学出版局、二〇〇三。

（4）「歴史の概念についてのテーゼ」第九テーゼ。W・ベンヤミン。

（5）「歴史の概念についてのテーゼ」第七テーゼ。W・ベンヤミン。
（6）『歴史の天使』ステファヌ・モーゼス著、合田正人訳、法政大学出版局、二〇〇三。
（7）同上。
（8）「隣村」Kafka, Franz: Drucke zu Lebzeiten. Herg. v. Wolf Kittler, Hans-Gerd Koch und Gerhard Neumann. Frankfurt am Main 1994, p.280.
（9）『学生の生活』ベンヤミン。
（10）『歴史の天使』ステファヌ・モーゼス著、合田正人訳、法政大学出版局、二〇〇三。
（11）例えば、Goethes Wahlverwandtschaften (1922), Ursprung des deutschen Trauerspiels (1928) 邦訳「ドイツ悲哀劇の根源」講談社、二〇〇一。Das Kunstwerk im Zeitalter seiner technischen. (1936).
（12）『言語一般と人間の言語について』W・ベンヤミン
（13）『歴史の天使』S・モーゼス
（14）同上。
（15）『困難な自由』E・レヴィナス
（16）バビロンのタルムード『サンヘドリン』九八b。

希望の歳時記

竹内　修一

はじめに

希望は、信仰・愛とともにキリスト教において、大切に受け継がれてきた対神徳の一つである。聖書的観点から見るならば、希望とは、今はまだ見ることはできないが、その実現を確信することによって、やがては確かな現実として自らに立ち現れてくるものである（ロマ8・24参照）。換言すれば、希望は、私たちが、それによって生きて行くことのできる、励みであり支えであり、また光でもある。そのような希望が、日々の生活においてどのように体験されるか、ここでは、山本周五郎の四つの作品（『一人ならじ』『雨あがる』『赤ひげ診療譚』『柳橋物語』）を取り上げながら、考察を進めてみたい。希望の種は、実は、自分の素朴な生活の中で、さまざまな形で立ち現れていることに気づかされるだろう。

春――いのちの再生

一粒の麦は、地に落ちて死ななければ、一粒のままである。だが、死ねば、多くの実を結ぶ（ヨハ12・24）。

『一人ならじ』昭和一九（一九四四）年。

――惜しみない心で仕える

栃木大助《とちのきだいすけ》は「痛い」ということを云わない、またなにか具合の悪いことがあっても、「弱った」とか、「参った」とか、「困った」などということを決して云わない。そのほかどんな場合にもおよそ受け身に類する言葉は選《よ》って捨てるように口にしないのである。……だがそれはただそれだけのことで、それゆえに彼が有名だとか人に注目されていたとかいうわけではない、むしろ彼はきわめて目立たない存在だった。

栃木大助は、甲斐の武田晴信の家来で馬場信勝に属し、足軽二十人の頭であった。箕輪城攻撃の際、壕と城に架けられた橋が、城兵によって切断されるのを防ぐため、自らの足を楔として台石と大桁の間に差し入れたのである。

そのとき大助は架橋を走りぬけていた。見ると橋詰の一部が壊され、片方の大桁《おおげた》はまったく台石から外れている。多勢の重みが懸かれば橋は落ちるに違いない、彼は咄嗟《とっさ》に石垣へ身を支え、ぐいと潜り込みざま、外れている台石と大桁との間へおのれの右足を突込んだ。つまり自分の足をそのまま楔《くさび》にかったのである、呼吸五つのひまもない咄嗟の機転だった。彼が足を楔にかうのと、ほとんど同時に先鋒隊が橋へ殺到してきた。そしてそのあとへ四郎勝頼の隊が怒涛《どとう》の如く押し詰めた。……その人数と橋の重みの下で、楔にかった足の骨がめりめりと砕ける音を、大助は他人のもののようにはっきり聞いた。

しかし、戦の後、大助の取ったこの行動に対する評価は、必ずしも芳しいものではなかった。むしろ否定的なものの方が多かった。しかし、彼は、それに対して何ら反論するようなことはなかった。

武田軍の上州侵攻を聞いた上杉氏は、これまたすぐに兵馬を下野《しもつけ》へ進めてきた。そこで晴信は箕輪城代に内藤修理《ないとうしゅり》をのこし、国峰へ小幡泉龍《おばたせんりゅう》を据えたうえ、すばやく軍をひきあげて甲斐へ帰った。……このあいだずっと、大助は人に負われたり馬の背にかかったりしなければならなかった。同情する者もあったが、概して悪い評判のほうが多かった、――すぐそばに手頃の丸太があるのに気づかないで、あたら片足を失ったということが、いかにも不たしなみに思えたからである。「がまん強いだけでも仕方のないものだ……」そういう言葉がいまさらのようにとりかわされるのを、大助も幾たびか耳にしたが、どう考えているのか自分では僅かに苦笑するだけで、それに就いては一言も弁解はせずに通した。

このことが原因で、東堂舎人助《とうどうとねりのすけ》のむすめ初穂との婚約は、破談となった。さらに、二人いた郎党のうち、若い方が去った。しかしもう一人の源八という老人は、大助の身の周りのことを案じ、一人の娘を連れてきた。名前は弓といい彼の姪だという。だがこの娘は、実は、破談となった婚約相手の初穂であった。初穂は、大助に対する人々の心無い言葉に対して、無念とも怒りともつかない思いを語る。その初穂に対して、大助は、次のように語る。

「戦場では幾十百人となく討死をする、誰がどう戦ったか、戦いぶりが善かったか悪かったか、そういう評判は必ずおこるものだ、わたくし一人ではない、なかにはそういう評判にものぼらず、その名はもとより骨も残さず死ぬ者さえある、そしてもののふの壮烈さはそこにあるのだ」

大助は、家に帰るように、と初穂に諭す。しかし彼は、同時にまた、とりひろげてある鎧作りの道具のかげから、長さ三尺ばかりの太い杖のようなものを引き出して彼女に見せる。そして彼女に、これを右足に継いで、再び戦場に向かうと言う。

「二年かかるか三年かかるかわからないが、わたくしは必ず戦場へ出るようになってみせます、……初穂どの、そうすれば婚約をもどすことができる、そう思いませんか」

泪に濡れた初穂の顔がそのとき輝くようにみえた。いっぱいに瞠《みは》った眼は新しい希望に活き活きとした光を湛《たた》え、双の頬にはあざやかな紅がさした、そしてしっかりとした力のある声で云った。

「わたくし戻ります……」

「仕える」ということ――それは、お互いの関係によって、まったく異なった意味合いを帯びてくる。もしそこに信頼関係があるならば、仕える者の中には喜びや生きがいが生まれるが、もしそうでなければ、そこに現われるのは歪んだ屈辱感である。

ここでは、前者の意味で、「仕える」こと（奉仕）について考えてみたい。その場合、仕えることによって、仕える者は、真の希望へと導かれる。

イエスは、そのことを、自分の生き方によって端的に示したが、同時にまた、私たちにもそれを求める。「あなたの神である主を拝み、ただ主に仕えよ」（マタ４・10）。神に仕えるにあたって、私たちに求められること、それは、誠実な心。素朴な言葉と行いによって、それは体現される。

誠実な心は、愛から生まれる。それゆえ、神に仕えるにしても、人間に奉仕するにしても、その働きの起源は愛から来る。この愛は、いのちを献げるまでの極みを示す、とイエスは語る――「あなたがたの中で偉くなりたい者は、皆に仕える者になり、いちばん上になりたい者は、すべての人の僕になりなさい。人の子は仕えられるためではなく仕えるために、また、多くの人の身代金として自分の命を献げるために来たのである」（マコ10・43―45）。

イエスは、自分がこの世に来たことの意義について、次のように語る。

わたしが天から降って来たのは、自分の意志を行うためではなく、わたしをお遣わしになった方の御心を行うためである。わたしをお遣わしになった方の御心とは、わたしに与えてくださった人を一人も失わないで、終わりの日に復活させることである。わたしの父の御心は、子を見て信じる者が皆永遠のいのちを得ることであり、わたしがその人を終わりの日に復活させることだからである（ヨハ6・38―40）。

父の御心の実現にあたって、十字架を担う――それは、イエスにとって不可避のことだった（マタ16・21）。そして、同様のことは、彼に従う者にも求められる（16・24）。

この十字架をとおして、私たちは、真の希望へと導かれる。それは、いったいどういう意味なのだろう。イエスは、この世を去る時、世にいる弟子たちを愛し抜かれたと言われる。最後の晩餐の席で、彼は、やおら弟子たちの足を洗い始める。人の足を洗うということは、当時の社会にあっては、最下層の奴隷の仕事とされていた。愛するということと仕えるということが、なぜつながっているのか、また、なぜそれが真の希望へとつながっているのか。イエスは、そのことを弟子たちに悟らせるために、身をもってその模範を示された（ヨハ13・1―15）。

キリスト者――それは、イエスに倣い、彼に従って生きる者にほかならない。洗礼によって、罪に仕える奴隷から神に仕える自由な存在へと変えられる（ヨハ8・31―36）。それによって、御言葉への奉仕者（使6・4、ルカ1・2）、聖なる奉仕を行なう者（ロマ15・16、コロ1・23）とされ、奴隷としてではなく、子として神に仕える者となる（ガラ4・6―7）。文字に従う古い生き方ではなく、〝霊〟に従う新しい生き方で仕える者となる（ロマ7・6）。それは、神の喜びであり、私たちの希望の形となる。

夏――夕立の記憶

わたしの教えは雨のように降り注ぎ
わたしの言葉は露のように滴る。
若草の上に降る小雨のように
青草の上に降り注ぐ夕立のように（申32・2）。

『雨あがる』昭和二六（一九五一）年
――つましくもまっとうに生きる

三沢伊兵衛《いへえ》は寝ころんだまま、気づかわしそうにうす眼をあけて妻を見た。おたよは縫い物を続けていた。古袷《ふるあわせ》を解いて張ったのを、単衣《ひとえ》に直しているのである。茶色に煤《すす》けた障子からの明りで、痩《や》せのめだつ頬《ほお》や、尖《とが》った肩つきや、針を持つ手指などが、窶《やつ》れた老女のようにいたいたしくみえる。だがきちんと結った豊かな髪と、鮮《あざ》やかに赤い唇《くちびる》だけは、まだ娘のように若わかしい。子供を生まないためでもあろうが、結婚するまでの裕福な育ちが、七年間の苦しい生活を凌《しの》いで、そこにだけ辛《かろ》うじて残っているようでもあった。

外は雨が降っていた。梅雨はあけた筈《はず》なのに、もう十五日も降り続けで、今日もあがるけしきはない。こぬか雨だから降る音は聞こえないけれども、夜も昼も絶え間のない雨垂《あまだ》れには気がめいるばかりだった。

三沢伊兵衛は、抜きんでた腕を持ちながらも、人を押しのけてまでして自分を立たせよう、と思うことのできない、いわば善人すぎるほどの人物であった。彼の妻のおたよもまた、そんな彼の良き理解者であり、心根の優しい人物であった。彼らは、打ち続く長雨のため、安い木賃宿に足留めを食っていた。そこには多くの同宿舎がいたが、彼らは、おしなべて似たり寄ったりの貧しい人々であった。ろくな食べ物にもありつけず、閉塞した空気が立ち込めれば、とげとげしい雰囲気が生まれるのも自然な成り行きであった。そんな様子を何とかしようと、伊兵衛は思い立ち、賭け試合に出かける。そして、それで得た金で、彼らに椀飯振舞《おうばんぶるまい》をする。空気は一転し、人々には喜びが戻ってくるのだった。

宿の中は急に活気で揺れあがった。なにかがわっと溢《あふ》れだしたようであった。宿の主人夫婦と中年の女中も仲間にはいって、魚や野菜がひろげられ、炉にも釜戸《かまど》にも火が焚《た》かれた。元気のいい叫びや笑い声が絶え間なしに起こり、女たちは必要もないのにきゃあきゃあ云ったり、人の背中をたたいたりした。

伊兵衛もおたよも、そんな彼らと心から交わるのだった。やがて雨も上がり、一人またひとりと宿を立っていった。

「こういうお宿へ泊る方たちとは、ずいぶんたくさんお近づきになりましたけれど、みなさんやさしい善《よ》い方ばかりでしたわね、自分の暮らしさえ満足でないのに、いつも他人のことを心配したり、他人の不幸に心から泣いたり、僅《わず》かな物を惜しみもなく分けたり、……ほかの世間の人たちとはまるで違って、哀《かな》しいほど思い遣《や》りの深い、温かな人たちばかりでしたわ」

「貧しい者はお互いが頼《たよ》りですからね、自分の欲を張っては生きにくい、というわけだろうね」

伊兵衛には、これまで、何回か士官の可能性があった。しかし、あまりにも他の人より抜きん出ていたせいだろうか、その度に話はまとまらなかった。しかしそんな彼にも、その腕を見込まれて、今回こそはほぼ確実かと思われる機会に恵まれる。しかし、最後の最後になって、実現には至らなかった。その理由は、あの賭け試合にあった。武士たる者、賭け試合などはもってのほか、というわけである。妻のおたよは、以前から、賭け試合だけはしないでほしい、と伊兵衛に願っていたが、今回は、次のように語る。

――でもわたくし、このままでもようございますわ、他人を押除けず他人の席を奪わず、貧しいけれど真実な方たちに混じって、機会さえあればみんなに喜びや望みをお与えなさる、このままの貴方も御立派ですわ。

「貧しさ」——もし、この言葉の意味を、ただひたすら神に自らのすべてを託すこととするならば、そのような人こそ、真の幸福に与る希望へと招かれている、と言えるだろう。

立ち上がってください、主よ。
神よ、御手を上げてください。
貧しい人を忘れないでください。
なぜ、逆らう者は神を侮り
罰などはない、と心に思うのでしょう。
あなたは必ず御覧になって
御手に労苦と悩みをゆだねる人を
顧みてください。
不運な人はあなたにすべてをおまかせします。
あなたはみなしごをお助けになります（詩10・12—14）。

貧しい人の心根は、柔和・謙遜にこそある。イエスは、自らについて、次のように語る
——「わたしは柔和で謙遜な者だから、わたしの軛を負い、わたしに学びなさい。そうすれ

ば、あなたがたは安らぎを得られる」（マタ11・29）。

ヤーウェの貧しい人たち――彼らは、主の慈しみを受ける人であり、イスラエルの残りの者と言われる。それゆえ、このような貧しい者こそ神の国を受け継ぎ、イエスは、彼らにとってメシアとなる。

主の霊がわたしの上におられる。
貧しい人に福音を告げ知らせるために、
主がわたしに油を注がれたからである。
主がわたしを遣わされたのは、
捕らわれている人に解放を、
目の見えない人に視力の回復を告げ、
圧迫されている人を自由にし、
主の恵みの年を告げるためである（ルカ4・18―19）。

神の国の秘義が示されるのは、幼子のような者。「天地の主である父よ、あなたをほめたたえます。これらのことを知恵ある者や賢い者には隠して、幼子のような者にお示しになりました。そうです、父よ、これは御心に適うことでした」（マタ11・25―26）。何よりもまず、イエス自身が、貧しい者だった。それは、誕生から十字架における死に至るまで、一貫して変わることはなかった。

あなたがたは、わたしたちの主イエス・キリストの恵みを知っています。すなわち、主は豊かであったのに、あなたがたのために貧しくなられた。それは、主の貧しさによって、あなたがたが豊かになるためだったのです（二コリ8・9）。

主において、真に貧しい者となること――私たちは、確かにそのことを求められているが、そのためにも、物質的・経済的貧しさは欠かせない。

小さな群れよ、恐れるな。あなたがたの父は喜んで神の国をくださる。自分の持ち物を売り払って施しなさい。擦り切れることのない財布を作り、尽きることのない富を天に積みなさい。そこは、盗人も近寄らず、虫も食い荒らさない。あなたがたの富のあるところに、あなたがたの心もあるのだ（ルカ12・32―34）。

自分の弱さ・惨めさを謙虚に受け容れる人、そのような人こそ、真に貧しい者となる。神に嘉せられる人とは、そのような人にほかならない。胸を打ちながら、「罪人のわたしを憐れんでください」と神に願う人である（ルカ18・9―14）。

貧しい者への奉仕――それは、わたしたちすべてに求められること。それをとおして、私たちは、真の隣人となり、神に仕える者となる（マタ25・34―36）。

世の富を持ちながら、兄弟が必要な物に事欠くのを見て同情しない者があれば、どうして神の愛がそのような者の内にとどまるでしょう。子たちよ、言葉や口先だけではなく、行いをもって誠実に愛し合おう（一ヨハ3・17―18）。

イエスは、ただひたすら、神における貧しさを生き抜いた。その彼に惜しみなく自らを託すとき、人は、真の希望へと招かれる。

かつて山本周五郎は、次のように語った。「世の多くの人々は貧困であることを欲しない。それが当然というものだろう。しかし反対に、日本人には清貧をたっとぶという心情がある。満ち足りた生活よりも、つましくはあるが、己を清く持して貧乏をいとわない生き方のほうが好ましいとする考えだ。わたしは、この心情がどこから発しているのか、もっと追究してみたいと思う。」

秋——収穫の喜び

涙と共に種を蒔く人は
喜びの歌と共に刈り入れる。
種の袋を背負い、泣きながら出て行った人は
束ねた穂を背負い
喜びの歌をうたいながら帰ってくる（詩126・5—6）。

『赤ひげ診療譚』昭和三三（一九五八）年
——徒労に終わっても惜しくない

保本登《やすもとのぼる》は、三年間に及ぶ長崎での遊学を終え、江戸に戻った。彼の願いは、幕府の御目見医に取り立てられることであったが、見習医として小石川養生所に送られる。そこで、彼

は、養生所医長の〝赤ひげ〟こと新出去定《にいできょじょう》に出会う。当初、登は、去定のことを蔑むような思いで見ていた。しかし、彼は、患者の一人に危うく殺されそうになったとき去定に助けられ、それを機に彼に傾倒するようなる。そしてやがては、御目見医に推薦されてもそれを断り、養生所に留まるようになる。つまり、彼は、立身出世の道を捨て、真の医者として生きてゆこうと決心したのである。

「人生は教訓に満ちている、しかし万人にあてはまる教訓は一つもない、殺すな、盗むなという原則でさえ絶対ではないのだ」——と去定は語るが、これは周五郎の思いでもある。去定は、貧しいものからは診療費は取らない。しかし、大名や豪商のような金持ちからは、莫大な治療費・薬料を要求した。

「人間ほど尊く美しく、清らかでたのもしいものはない」と去定は云った、「だがまた人間ほど卑しく汚らわしく、愚鈍で邪悪で貪欲《どんよく》でいやらしいものもない」

（中略）

「おれは売色を否定しはしない、人間に欲望がある限り、欲望を満たす条件が生れるのはしぜんだ」と去定は云った、「売色が悪徳だとすれば料理茶屋も不必要だ、いや、料理割烹そのものさえ否定しなければならない、それはしぜんであるべき食法に反するし、作った美味で不必要に食欲を唆るからだ」

もちろん料理茶屋はますます繁昌するだろうし、売色という存在もふえてゆくに違いない。そのほか、人間の欲望を満たすための、好ましからぬ条件は多くなるばかりだろう。したがって、たとえそれがいま悪徳であるとしても、非難し譴責《けんせき》し、そして打毀《うちこわ》そうとするのはむだなことだ。むしろその存在をいさましく認めて、それらの条件がよりよく、健康に改善されるように努力しなければならない。

「こんなことを云うのは、おれ自身が経験しているからだ」と去定は云った、「どんなふうにと説明することはないだろう、おれは盗みも知っている、売女《ばいた》に溺《おぼ》れたこともあるし、師を裏切り、友を売ったこともある、おれは泥にまみれ、傷だらけの人間だ、だから泥棒や売女や卑怯者《ひきょうもの》の気持ちがよくわかる」

（中略）

この世から背徳や罪悪を無くすることはできないかもしれない。しかし、それらの大部分が貧困と無知からきているとすれば、少なくとも貧困と無知を克服するような努力がはらわれなければならない。

「そんなことは徒労だというだろう、おれ自身、これまでやって来たことを思い返してみると、殆んど徒労に終わっているものが多い」と去定は云った、「世の中は絶えず動いている、農、工、商、学問、すべてが休みなく、前へ前へと進んでいる、それについてゆけない者のことなど構ってはいられない、——だが、ついてゆけない者はいるのだし、かれらも人間なのだ、いま富み栄えている者よりも、貧困と無知のために苦しんでいる者たちのほうにこそ、おれは却《かえ》って人間のもっともらしさを感じ、未来の希望が持てるように思えるのだ」

人間のすることにはいろいろな面がある。暇に見えて効果のある仕事もあり、徒労のようにみえながら、それを持続し積み重ねることによって効果のあらわれる仕事もある。おれの考えること、して来たことは徒労かもしれないが、おれは自分の一生を徒労にうちこんでもいいと信じている。そこまで云ってきて、急に去定は乱暴に首を振った。

「働くこと」——私たちは、これなしに生きることはできない。それによって、生活の糧を得る。しかし、できれば、そこに自分の生きる意義も見出せたら、いっそういいだろう。仕事と生きることが一つとなるとき、人は、真の喜びに与るだろう。

神は常に働いている——創造。この働きに、私たち一人ひとりは招かれている——召命。人間の働きは、いわば、この創造主としての神の働きの反映にほかならない。

自分に与えられた仕事にひたむきに向かう。そのような人を、神は、心から喜び、受け容れ、称賛する（シラ38参照）。しかし、働くことには、自ずから労苦が伴う。「顔に汗を流してパンを得る」（創3・19）とは、そのことを端的に物語っている。

仕事の種類は人の数だけある、と言ってもいいかもしれない。しかし、その目指すところは、一つである――「朽ちる食べ物のためではなく、いつまでもなくならないで、永遠のいのちに至る食べ物のために働きなさい」（ヨハ6・27）。儚いこの世にあって唯一価値のあること、それは、ひたすら「主に仕えること」にほかならない、とパウロは語る（一コリ7・35）。

神は常に働いている。そしてイエスもまた、常に働いている。「わたしの父は今もなお働いておられる。だから、わたしも働くのだ」（ヨハ5・17）。農夫や職人などの、専心的な働きに、神の国への奉仕が現れる。「鋤に手をかけてから後ろを顧みる者は、神の国にふさわしくない」（ルカ9・62）。そう語るイエスは、大工だった（マコ6・3参照）。同時にまた、彼は、神の国の一人の職人でもあった。

私たちは、神の働きに招かれている。そして同時にまた、キリストが私たちの中で働いている（コロ1・29参照）。倦まず弛まず、彼は働いている。

冬——光への憧れ

あなたの光とまことを遣わしてください。
彼らはわたしを導き
聖なる山、あなたのいますところに
わたしを伴ってくれるでしょう（詩43・3）。

『柳橋物語』昭和二一（一九四六）年
——いのちを賭した真心の形

大工の杉田屋の幸太は、おせんを思っていた。しかし、彼は、長い間そのことを伝えることができなかった。おせんは、早くに父母に死なれ、研師の祖父源六に育てられた。ある日、彼らの住む大川沿い一帯が、大火に見舞われる。幸太は中風の源六を背負い大川の畔に運ぶが、そこで源六は死んでしまう。幸太は、おせんも助けようと努めるが、川の流れにのまれ悲運の死を遂げる。その直前、幸太は、おせんに向かって思いの丈を語る。

「おまえは助ける、おれが助けてみせる、おせんちゃん、おまえだけはおれが死なしあしないよ」彼はそう云って、刺子半纏の上から水を掛けると、おせんのそばへ跼《かが》んで彼女の眼を覗いた。「……おまえにあ、ずいぶん厭《いや》な思いをさせたな、済まなかった。堪忍して呉んなおせんちゃん」

「なに云うの幸さん、今になってそんなことを」

「いや云わせて呉んな、おれはおまえが欲しかった、おれはおせんちゃんが欲しかったんだ、おまえなしには、生きている張合もないほど、おれはおまえを女房に欲しかったんだ」

苦痛にひき歪《ゆが》んだ声つきと眸子《ひとみ》のつりあがったような烈《はげ》しい眼の色に、おせんはわれ知らずうしろへ身をずらせた。

「思いはじめたのは一七の夏からだ、それから五年、おれはどんなに苦しい日を送ったか知れない、おまえはおれを好いては呉れない、それがわかるんだ、でも逢《あ》いにゆかずにはいられなかった。いつかは好きになって呉れるかもしれない、そう思いながら、恥を忍んでおまえの家へゆききした、だがおまえの気持ちはおれのほうへは向かなかった、それればかりじゃあない、とうとう……もう来て呉れるなと云われてしまったっけ」

煙が巻いて来、彼は、こんこんと激しく咳《せ》きこんだ。それから両の拳へ顔を伏せながら、まるで苦しさに耐え兼ねて呻《うめ》くような声で、続けた、「……そう云われたときの気持ちがどんなだったか、おせんちゃんおまえにはわかるまい、おれは苦しかった、息もつけないほど苦しかった、おせんちゃん、おれはほんとうにくるしかったぜ」

おせんは胸いっぱいに庄吉の名を呼んでいた、できるなら耳を塞《ふさ》いで逃げたかった、「おれがいなくなれば幸太はきっと云い寄るだろう」そう云った庄吉の言葉がまたしても鮮やかに思いだされた、「だがおれは安心して上方へゆく、おせんちゃんはおれを待っていて呉れるだろうから」そうよ庄さん、あたしを守って頂戴《ちょうだい》、あたしをしっかり支えていて頂戴。おせんはこう呟《つぶや》きながらかたく眼をつむり、抱いている赤子の上へ顔を伏せた。

「だがもう迷惑はかけない、今夜でなにもかもきりがつくだろう」幸太は泣くような声でこう云った、「……どんな事だってきりというものがあるからな、おせんちゃん、これまでのことは忘れて呉んな、これまでの詫《わ》びにおまえだけはどんなことをしても助けてみせる、いいか、いきるんだぜ、諦《あきら》めちゃあいけない、石にかじりついても生きる気持ちになるんだ、わかったか」

おせんは、避難した石置場で、生まれて間もない赤ん坊を拾う。彼女は、その子を育てようと決心するが、その子は幸太との間にできた子供ではないか、とあらぬ噂が飛ぶ。しかし、おせんには思う人がいた、庄吉である。彼は、杉田屋の跡取りを狙っていたが、幸太が跡継ぎに決まる。それで彼は、大坂へ行きひと働きした後再び江戸に戻り、一旗揚げようと考えた。そして、それまで待っていてくれ、とおせんに告げる。江戸に帰った庄吉は、赤ん坊を抱えたおせんを見ると、自分が産んだ子供でなければ捨ててこいという。いったんはそれを試みるおせんだったが、ついにそれができず戻ってくる。しかし、庄吉は、金持ちの入り婿となってしまう。そうなってはじめて、おせんは、幸太の真実の心を知ることとなる。

店をはじめた明くる年の春の彼岸に、宗念寺へ墓まいりにいったとき、別に経料《きょうりょう》を納めてお祖父《じい》さんと幸太の戒名をつけて貰った。そして位牌《いはい》を二つ拵《こしら》え、幸太のには彼の戒名に並べて自分の俗名を朱で入れた。自分のも戒名にすればよいのだが、いっそおせんと入れるほうが情が届くように思えたからである。……。柳橋はあの火事のあとで地元から願い出ていたのが、ようやく許しが下って出来たわけで、渡り初めから三日のあいだ祭りのような祝いが催された。……その祝いの三日目のことである、店を早くしまって、幸太郎に小僧をつけて出してやり、自分も新しい橋を見にゆくつもりで、着替えをしていると客が来た。土間が暗くなっているのでちょっとわからなかったが、立っていってみると庄吉であった。

「ひとこと詫びが云いたくて来たんだ」

（中略）

「いつか貴方の云ったとおりよ、わたし幸さんとわけがあったの、あの子は幸さんとあたしのあいだに出来た子だわ、もしも証拠をごらんになりたければ、ごらんにいれるからあがって下さい」

こう云っておせんは部屋の隅《すみ》へいった。仏壇をあけて燈明をつけ、香をあげて振返った。庄吉はあがって来た、そして示されるままに仏壇の中を見た。

「それが幸さんの位牌です、そばに並べて朱で入れてある名を読んで下さいな、おせんと書いてあるでしょう、——戒名だけで疑わしければ裏をごらんなさいまし、俗名幸太とあのひとのも書いてありますから」

庄吉は何も云わずに頭を垂れ、肩をすぼめるようにして出ていった。——おせんは独りになると、位牌をじっとみつめながら、小さな低いこえで囁いた。

「これでいいわね、幸さん、お蝶おばさんにだって悪くはないわね、——これでようやく、はっきり幸さんと御夫婦になったような気持よ、あんたもそう思って呉れるわね、幸さん」

瞼《まぶた》の裏が熱くなり涙が溢《あふ》れてきた、ぼうとかすみだした燈明の光のかなたに、幸太の顔が頷《うなず》いている、よしよしそれで結構、そういう声まで聞えてくるようだ。――柳橋の祝いに集まる人たちだろう、表は浮き立つようなざわめきで賑《にぎ》わっていた。

「真心」――恐らく、多くの人は、その意味は知っているだろう。しかし、真心の込め方はどうだろうか。つまり、具体的にどのように真心を示すか、ということである。いずれにしても、しかし、人が真の人間となるために、真心はなくてはならないものである。この真心が、「まこと」にほかならない。

孔子の思想の根源は、「仁」である。しかし、彼は、仁とは何か、すなわちその定義について明確に語ってはいない。むしろ、彼は、仁によって人間はどのような人間になるか、そのことについて語っている。

この仁を、曾子は、「忠恕」と言い換えた。忠恕とは、真心の意とされるが、さらに詳しくみるなら、「忠」とは自分に対する誠実さであり、「恕」とは他人に対する誠実さにほかならない。あるいは、「忠」とは自身の真心であり、「恕」とはその真心から出る他人への思いやり、と考えることもできる。

『聖書』においては、神の二つの特性が語られる――「慈しみ」（ヘセド）と「まこと」（エメト）。「主の道はすべて、慈しみとまこと」（詩25・10）。人間は、神の似姿として造られた、と語られる。ならば、その人間にも、本来、「慈しみ」と「まこと」はあるし、またあらねばならないだろう。

神のまことは、イエスにおいて端的に現れた。換言すれば、神のまことが具体的な形を取るとイエスになる、それ以外にはない、ということである。「わたしは真理《まこと》について証しをするために生まれ、そのためにこの世に来た」（ヨハ18・37）。「言は肉となって、わたしたちの間に宿られた。わたしたちはその栄光を見た。それは父の独り子としての栄光であって、恵みと真理《まこと》とに満ちていた」（ヨハ1・14）。ここで語られる「真理」（アレーテイア）とは、神の「まこと」（エメト）にほかならない。

神は独り子をこの世に遣わされた、まさにこの点にこそ、神のまことは体現される。「神は、その独り子をお与えになったほどに、世を愛された」（ヨハ3・16）と語られるとおりである。それゆえ、人間は、この神に対するまことを失うとき、人に対するまことも失うであろう（エレ9・2―8）。

イエスは、「誠実」であり「真実」である、と語られる（黙19・11）。そのイエスが、こう語る。

わたしが天から降って来たのは、自分の意志を行うためではなく、わたしをお遣わしになった方の御心を行うためである。わたしをお遣わしになった方の御心とは、わたしに与えてくださった人を一人も失わないで、終わりの日に復活させることである。わたしの父の御心は、子を見て信じる者が皆永遠の命を得ることであり、わたしがその人を終わりの日に復活させることだからである（ヨハ6・38―40）。

イエスは、自らのいのちを捧げることによって、父の御心を実現する。そして、このイエスにおいて、神の約束はことごとく実現する（二コリ1・20）。そして、このイエスは、たえ私たちが誠実でなくても、常に真実な方である（二テサ2・13）。

私たちが、真に誠実な人間となる時、それはひとえに、聖霊の働きによる（ガラ5・22）。この誠実さは、愛と不可欠な関係にある。それゆえ、イエスは、自らの愛に留まるように、と私たちを招く。「父がわたしを愛されたように、わたしもあなたがたを愛してきた。わたしの愛にとどまりなさい。わたしが父の掟を守り、その愛にとどまっているように、あなたがたも、わたしの掟を守るなら、わたしの愛にとどまっていることになる」（ヨハ15・9―10）。

神に対して真心を尽くす――それは、私たちの目指すべき生き方であり、同時にまた、神の喜びでもある（マタ25・21、23）。

おわりに

希望は、私たちが、それによって生きて行くことのできる、励みであり支えであり、また光でもある――そう語られる時、その正しさは、素朴な生活をとおして理解されるだろう。さらに、その希望が、信仰に基づいて思い巡らされる時、いっそうその理解は深められるだろう。これまで、山本周五郎の四つの作品を繙きながら、希望の光が、どのような輝きを私たちに与え、どのような方向を私たちに示してくれるのか、そのことについて考察を進めてきた。周五郎の描く人間への眼差しは、いつも温かく、そして優しい。惜しみない心で生きること、たとえ貧しくともまっとうに生きること、そして自分の関わることには常に真心を込めること――これらはすべて、私たちを真の希望へと導いてくれる確かな道である。

聖書の引用は、日本聖書協会編『新共同訳聖書』（一九九五年版）を使用させていただきました。ただし、漢字・仮名の表記は本文に合わせたことを、お断りいたします。

希望の倫理

ホアン・マシア

人間教育について講習会を企画した大学で講演を依頼された時のことですが、「希望の倫理」というテーマで話そうかと提案しましたら、主催者側から、「その内容でよいですが、タイトルだけ変えてくだされば、聴衆者が増えるかもしれません。倫理って堅く聞こえます。本屋の新刊の棚で『希望の倫理』というタイトルの本を見たら買いたくなくなるかもしれませんが、『希望の生き方』だったら読者の興味を引くでしょう」と言われました。

なるほど、企画者のすすめにしたがって『希望の生き方』というタイトルにすることになりました。しかし前置きの話では、「みなさんをだましたくない」と言って次のように公演をはじめました。「人間教育のために倫理は重要です。倫理は生き方の道理です。人間はいかに生きるべきか。これは倫理の課題です。しかし、倫理へのアプローチはいろいろあって、中でもずいぶん違う二つの対照的なアプローチがあります。一つは、「掟やルールを中心にする倫理」であり、今一つは「希望と慈愛の倫理」です。言い換えれば、前者は〈命令された生き方〉であり、後者は〈励まされて愛し合う生き方〉のすすめです。私はこの二種類の倫理の対照的なことをふまえた上で、希望の倫理、励まされて愛し合うという倫理の課題についてご一緒に考えたい」と主張しました。

では、あのときの前置きを今回の原稿のテーマにしてこれからご一緒に希望の表現で説かれる慈愛の倫理について考えたいと思います。

「〜なるべき」か「〜なりたい」か

倫理の課題は、人間の生き方を学ぼうとすることです。倫理は、「これをすべきではない」、「あれをしてはいけない」という行動の抑止力として捉えられがちですが、これは良い、これは悪いということだけを書き並べた行動のマニュアルが倫理だと思っている人も少なくないかもしれません。

「倫理」という言葉を聞くだけでも、「掟・ルール・義務」などのイメージしか浮かばなくなり、それを守らなければ罰せられ、守ったら認められるというようなことを倫理だと考える人もいるでしょう。それに「キリスト教的」という形容詞をつければ、なお難しく聞こえるかもしれません。しかしイエスの福音にもとづいた倫理観はむしろ慈愛と希望の生き方とつながると思います。

私は長年倫理の授業を担当しましたが、最初の講義でいつも宮沢賢治の「雨ニモマケズ」を取り上げました。あの詩の結びには「ソウイウ者ニ私ハナリタイ」と書いてあります。もし仮に「そういう人に皆さんなるべきだ」と書いてあったとすれば、詩としての魅力もなくなってしまうだけではなく、生き方への勧めとしても物足りなかったでしょう。希望の倫理というものは、「そうありたいものである」、「なかなかそうなれない私たちではあるが、努力しようではないか」、「それにはどうしたらよいのだろうか」と、このように未来型と質問型の表現で表される倫理のあり方です。

ただ、「〜すべきである」という面だけ強調するのは良くないと言っても、「規範」や「物差し」がいらないというわけでもないのです。東西の倫理観において良心というものは大切にされてきました。良心は確かに心の中で聞こえて来る声のように「これをしてはいけない」と言ってくれるのです。例えば「嘘をつくな」、「人の物を奪うな」、「殺すな」などはそうです。それは外部から押しつけられたきまりとして禁じられており、それをしてはいけない」のではなく、心の中で聞こえる声にしたがって自分に正直であろうとするとき

「そうすべきだ」と納得するということです。

したがって、「〜すべきである」という倫理の面も無視できませんけれども、それは倫理のすべてでもなければ、その中心でもないのです。ここで強調したいのは「〜すべきである」ということを中心にする倫理が前提にしているものの方がはるかに大切であるということです。それは一言で良心と言っても良いですが、それは頭よりも腹あたりにあると言ってもよいでしょう。なぜかと言えば、倫理の中心は慈愛ですし、慈愛は腸がちぎれる思いから湧き出るからです。

私は希望を与える倫理を力説するとき、「禁止事項」中心の倫理教育でもなく、そうかといって「放っておきっぱなしの倫理教育の欠如」でもないような代案を提示したいのですが、多いに示唆を受けるのは倫理教育を考えている発達心理学者からです。彼らが指摘するように子どもの成長段階にあわせて命令型のしつけよりも動機づけ型とはげまし型の導き方のほうが成熟のためになります。

子供をしつけるときには、ときどき「善い」とか「悪い」とかいう言葉が単純な意味で使われてしまうことがあります。たとえば、お菓子を食べすぎることが悪いのは、あとで腹をこわすからだとか、学校のきまりを破るのが悪いのは、破ったら罰せられるからというふうにしつけることがあるでしょう。場合によって大人になっても幼稚な動機づけ方しかもっていない人もいます。その人はあることを悪いとみなして、それをやらないのは罰せられないためとか、損しないためとか、人の目を気にするからとかというような物足りない動機づけだけしかもっていないのです。

そこで、人間の成長過程における倫理上の判断力の形成について考える必要性を感じます。発達心理学者は人間の成長過程の研究を強調してきました。成長過程の段階を研究した発達心理学者たちは倫理上の問題に関する判断の仕方の発展を指摘しています。ここでそうした研究者が挙げている指摘の一例のみ取り上げてみましょう。

ある学校で次の実験が行われました。それは、教会の説教などによく出てくる言葉を小学生に聞かせて、その言葉から彼らが連想するものが何であるかを探る調査でした。「全能の神」(Almighty God) という語に対して、三人の小学生がそれぞれ次のように反応しました。

まず、A君は、この語を聞いて、「怖い」と感じると言いました。その理由として、何でもできる方は、何をするかわからないということをあげました。言い換えると、何でも知って何でもできる方は、人間の行うことをすべて見ており、どんな罰でも与えることができるのだから、怖いというのです。

B君は、神が全能であることを大変喜んだようです。何でもできるのだから、頼めば何でも聞き入れてくれると思ったからです。ご利益があるに決まっている。それで彼は、自分のために多くのことを神に願う気持ちになっていたのです。

C君も喜んでいたようですが、B君とは神さまに頼むことが違っていました。C君は何でもできる神に自分の家の寝たきりのおばあさんを治してもらうことを願いたいと言っていました。

以上の例からわかるように、「全能」という語は、聞く人の成長段階によって大いに異なる意味を帯びています。

A君がその語を聞いて怖く感じるのは、彼が罰にこだわりすぎているからです。言い換えると、彼はこわい神のイメージをもっているのです。彼の宗教心はこのイメージに支配されており、もっと発展した段階までこれから進まなければならないでしょう。

B君は、より積極的な神のイメージをもっていますが、A君と共通点も持っています。つまり、二人とも自己中心的な形で神を捉えているのです。それは、罰や御利益とかの低い段階での宗教心と言えましょう。

それに対してC君は自分以外の人の立場に立ち、他人のために願うことを知っているのだから、彼は自己中心的段階から出て、人を思いやることができる段階に入っていると思われます。

ここで強調したいのは、三人とも同じ「全能」という語を聞いたのですが、それからくみ取る意味は全く異なり、その背後にある三人の宗教心の目覚め方が根本的に異なるということです。フランス哲学者ベルグソンの『道徳と宗教の二源泉』における社会論を思い起こしますが、人間が社会を構成する上での根本問題である道徳と宗教について彼は「開かれた社会／閉じた社会」「動的宗教／静的宗教」といった基調テーマを手掛かりにして考察しました。私もその二種類の倫理へのアプローチを念頭に置いてここで命令型の「掟の倫理」と未来型の「希望の倫理」の統合をめざしております。

未来へと飛躍する人間

それぞれの時代と環境によって違うしつけの伝統を比べると、両極端が注目されます。一方は禁止事項を教え込み、何もかもマニュアル通りに振る舞うようにさせます。他方は何の物差しもなく、成り行きにまかせてしまいます。両者とも重要な要素が欠けています。一つは根拠づけなしの規範ではなく、規範を身につけさせる動機づけや目的や理想が欠けていることです。もう一つは、自律的な成長の仕方を育てる教育であり、本人自身が自分自身の内部から規範に従うようにする導き方です。端的に言ってしまえば、人間教育は動物を飼うときの「刺激・反応・賞罰」という訓練でプログラムすることとは違うということです。

このことを理解するために人類学者から学ぶ人間性の特徴が参考になります。それはヒトの脳に見られる独特な「未来への飛躍する能力」です。この「未来への飛躍する能力」は何を意味するかを考えましょう。

一つの部屋に犬が一匹、蝿が一匹、人間が一人いるとします。同じ部屋の中にいても、犬の世界、蝿の世界、人間の世界はそれぞれ大いに異なっています。人間は机の上にある本を見たり、カレンダーの方に目をやって予定をたてたり、ヘアドライヤーで髪をととのえたり鏡に向かって化粧したりしています。犬や蝿から見れば、本もカレンダーもヘアドライヤーや化粧品も大した意味を持たないのです。

夏目漱石の『我が輩は猫である』の猫が、浦島太郎のように竜宮城に連れていかれ、久ぶりに東京に戻って来たとしましょう。あの猫は明治生まれですが、今の東京で生きていけるでしょう。猫はビルの陰でまどろみ、冬は日向で暖をとるでしょう。

人間の場合はどうでしょうか。夏目漱石が生き返ったとします。恐らく彼は浦島太郎ほどではないにせよ、大いに戸惑って今の暮らしに適応できないかもしれません。それほど人間とその環境世界との関わり方は独特です。いや、それだけではなく、人間の世界はめまぐるしく変わっているのです。百年前にはなかったビル群やパソコンができても、猫の生活パターンは大して変わりませんが、人間の場合その生活パターンは全く変わってしまいます。

ここに前述した「飛躍する能力」のことが登場してきます。どの意味で「飛躍する能力」なのかというと、自分と世界との間に距離を置く、否、自分と自分自身との間にも距離を置くことができるという意味です。人間は世界から物理的・生化学的な刺激などを受けているばかりでなく、言語などを通して世界と自分の間に「記号的な距離」を設定し、自分と世界との関わり方を記号という橋渡しを通して行い、現在の空間と今の時間をこえて人間の世界がひろがるわけです。

一例をあげましょう。飢えている動物は、食べ物を与えられるとすぐ食べるでしょう。しかし太郎はあるとき空腹だったが、目の前に美味しそうなものを出されても食べようとせず、ぐっと我慢して手を出さなかった。というのは、六時からパーティの予定があり、そこでもっと美味しいものがあることを知っていたからです。つまり、太郎は空間的・時間的な枠内で与えられる刺激にすぐに反応せず、自分と対象との間に距離を置き、数時間後のことを考えて行動したのです。太郎はまたある日、食事をとらずにそのためのお金を貧しい者を助ける献金にまわしました。これもまた「未来への飛躍」ができるということではないでしょうか。まさにそのような人間の能力をここで勧めている希望の倫理教育が支えるのです。

ただ、こうした「飛躍する能力」にはすばらしい面もあれば恐ろしい面もあります。例えば、ローマ時代の宴会での次の大げさな話があります。美食を次から次に味わいたいと思い、食べ物を無理に吐き出して次のものを食べるということをする人がいたそうです。これもまた、「現在の空間と時間を超えて飛躍する能力」であると言えましょう。犬やチンパンジーなら、食べないでそのお金を貧しい人々に送るようなすばらしい飛躍もできなければ、腹いっぱい食べたうえに吐き出してまた食べるという馬鹿げたこともしないでしょう。

人間が持っている「飛躍する能力」は諸刃の剣であり、人間には「飼い慣らし」ではなく、倫理教育が必要なわけです。人間は倫理を持つ動物であるというよりも、倫理を必要としている動物だと言ったほうが適切でしょう。自分の能力を良い方向と悪い方向で生かす可能性を持っている以上、良いほうを選ぶために倫理の働きを生かし選択するすべを学ばなければならないでしょう。

人間には他の動物以上のことをなしうるというすばらしい面と、他の動物以下のことをなしうるという恐るべき面があるのです。人間は何が良いか、何が良くないかを問い、良いほうを選択するように彼を励まし、支える希望の倫理を必要とするのです。

生き方の道標

倫理とは人の道であり、生き方の道標と言えます。だが、道標はいろいろあります。道の目的を示すものもあれば、交通安全のためのものや一時的に工事中の道路で注意を促すためのものもあります。倫理の道標もいろいろありますが、交通信号のような役割だけは倫理のすべてではないのです。すくなくとも次の四つの視点から倫理の道標をとらえたいと思います。

（1）人間にとって特に重要な価値（values）があります。たとえば、「生命」、「人格」、「真実」、「愛」、「正義」、「家族」などです。こうした価値は人間の「根本的な欲求」とつながるものであり、人間性の開花をもたらすものです。こうした諸価値に対する各人の基本的な姿勢は、良心というものの第一の側面です。こうした根本的な意味での良心において、善と悪に対する私たちの根本的な選択が行われます。これは善を目的とする希望の倫理の地平です。

（2）規範（norms）というものは道徳上の価値を表現し、それは実現されるべきものとして私たちに示すものです。例えば、「生命の尊さ」という価値は「不正に殺すなかれ」という規範で表現されます。ところで、これらの規範を適応するに当たって、倫理上の推理の仕方における合理的な一般原則がある特定の役割を果たします。特に、判断する本人だけではなく、多くの人にも通じるような形で道徳規範について討議するとき、一般原則は大切な意味を持っているわけです。これらの原則の例として、例えば、「目的は手段を正当化せず」

とか、「正当な防衛の原則」等があげられます。規範を把握し、私たちに義務づけるのは良心の第二の役割です。この意味で良心の声は「これをすべきである」とか、「あれをすべきでない」というふうにとらえられます。これは希望の倫理をささえるために設けられた規範の倫理です。

（3）私たちが具体的な問題に直面したとき、規範と原則を当てはめるだけでは決して解決できない場合が多いのです。つまり、あるときは一般原則の枠内で扱われる問題もあれば、他の場合はその枠を超える問題もあります。いずれにせよ、単に一般的な解答では片づけられません。このように、規範に対して私たちの応答はどうあるべきかがはっきりしないときがあります。さらに同時に二つの規範に応答することはできないので、二者択一の難しい選択を迫られるときもあります。そのとき賢明な決断に至るための識別の過程をたどらなければならないでしょう。ここに良心の第三の側面があります。良心の大切な役割の一つはそうした識別を助けることです。これは具体的に希望の倫理を適応する状況倫理です。

（4）最後に避けて通れない倫理上の悪の問題があります。この現実を受け止め、倫理上の失敗を自分に認めさせる自分の内部からの声は良心の第四番目の側面です。そこに謝ることと許し合うこととという和解の倫理の課題があります。

この四つの点の中で（2）と（4）だけを一面的に強調するとどうなるでしょうか。恐らく、そうすると大切な動機づけ（1）と賢明な決断に至る識別の過程（3）が忘れられ、余計な義務感と余計な罪悪感が中心となってしまいます。そのような場合、健全な良心ではなく、外部からおしつけられた義務感だけが倫理を支配してしまって、希望の倫理ではなく、命令型の倫理だけに終わってしまいます。つまり〈なりたいものです〉の倫理ではなく、〈すべきであり〉〈すべきではない〉の倫理におわってしまいます。

前述した倫理の四つの視点およびその中の（1）と（3）の希望の倫理と状況倫理の重要さを初歩的な学生にわかりやすく理解してもらいたいと思って、前述した道標のことを譬えで説明することがあります。

1　道の目標を示す道標。道を歩くとき、目標や目的地が大切です。そして目標に向かう旅人の姿勢も大事です。倫理で言えば、倫理上の諸価値とそうした価値に対する人間の心構えがそれに当たります。

2　交通安全のための道標。道には交通安全のための道標があって、交通信号や交通ルールがあります。倫理で言えば、それは規範と一般原則に当たります。

3　道には交差点や十字路があって、戸惑うところがあります。倫理で言えばそれは具体的な問題にぶつかったときの状況判断に当たります。

4　道には迷うこともあります。倫理で言えば、それは倫理上の失敗や罪などの問題に当たります。

この四つの観点から倫理を扱わなければならないのですが、1と3を怠り、2と4を過度に強調しすぎたところにある伝統的な教科書の倫理の教え方の弱点があったと思います、私は1と3を統合させる希望の倫理を提言しつづけてきたわけです。

繰り返しますが、2と4の重要さと必要性を否定も排除もしないのです。確かに規範に関する考察と違反に関する反省は大切であり、「規範を弁《わきま》えなさい」といわれるのも当然です。ちなみに弁える（discern）というのは倫理上の問題について判断するときのキーワードであって良心の働きをさしますが、良心が「規範を弁える」（前述した交通安全の道しるべを見る）だけではなく、「規範の上にあるもの」（前述した道の目標と方向を示す道しるべ）と「規範の下にあるもの」（前述した状況に関する具体的な情報）を弁えなければなりません。

言い換えれば、良心の役割は discern norms だけではなく、discern values と discern situations です（教皇フランシスコ、『愛の喜び』304・306）。というのは、良心の光は交通信号みたいなものだけではなく、遠くまで道を照らす光であると同時に足元を照らす光でもあります。詩編の祈りでは生き方を照らす神の導きに祈って感謝するとき、次のようにうたいます。「主の言葉は私の足元の灯、道を照らす光です」（詩119・105）。

このように良心の役割をとらえると、最初から指摘した二種類の倫理観の対照的なことはますます浮き彫りにされます。一つは、守るべき義務を中心とする命令型の倫理であり、今一つは、目指す目的を仰ぐと同時に、置かれている状況の限界を見つめる希望と責任の倫理観です。

何か感心してほめるときとか、憤慨したりするときとか、残念がって嘆き悲しむときなどに、感嘆符の表現が使われます。たとえば、ある子供が冷たい海でおぼれかかっているのを見て、自分の命を危険にさらしてまで海に飛び込んでその子の命を救った人についての話を聞いたとします。「何とすばらしい！」と、感嘆符の付いた文章で感心を表します。

あるいはまた、場合によっては感嘆符によって感心ではなく怒りや憤慨の体験を表すこともあります。例えば、警察官が人権を無視してある人を拷問にかけたという話を聞いたとします。そのとき、「それはひどい！」と、感嘆符の付く文章で怒りを表します。

このような感嘆符で表されるのは、私たちが人間として大切にしたい価値に対する私たちの反応です。その大切な価値が実現されているときには感心し、その価値が無視されているときには憤慨するのです。このような感心（admiration）や憤慨（indignation）の体験が、倫理を考えるうえで一つの出発点になるのです。

そして願望の未来形で表される倫理の表現法もあります。例えば、先の話を聞いて、「私もそうしたいものですが、私にはなかなかできそうもない」と言う場合に、「したい」とか

「したいものです」とかいう言い方は、倫理上の善を求めることを未来形で表します。これも倫理を表す一つの表現です。

さらに、命令形で表される表現法があります。これは倫理上の表現の中でもっとも一般的なイメージとなっているものであり、命令の形によって、掟や禁止事項の意味を表します。たとえば、「こうしてはいけない」とか、「こうすべきである」とかいう表現です。規範、命令、掟、決まりなども倫理の一つの表現ですが、倫理のすべてではありません。私はこの命令型の倫理を排除はしたくないし、その役割を認めますが、倫理教育を行うにあたって本稿で力説している希望の倫理と状況倫理の統合を優先したいと思います。

「ただし」や「けれども」ということばで表される表現法もあります。これは、合理的な原則があって、その原則に但し書きが付いている場合に用いられる表現です。「原則はこうですが、ただしこのようなときには例外が認められる」というときの表現です。これは一般的な原則が持っている限界を認め、どのような場合に、どのような例外を認めればよいかを考える倫理の表現です。

そして、具体的なケースに直面するときの状況倫理の疑問型の表し方もあります。「どうすればよいのか」とか、「何をすれば大切な価値が守られるのだろうか」というような疑問の形による表現法です。これが、道徳への接近の中で特に重要な位置を占めている状況倫理の疑問形の表現です。

最後に、悪の問題を見つめる倫理は過去を振り返る過去型の表現で表されます。例えば、「あのようなときに、あのようなことをすべきではなかった」とか、「あれをしたのは悪かった」とか、「残念なことをした」とかいうように、過去の失敗と成功の両経験を合わせて反省し、現在の時点での反省の結果を表す表現です。これも倫理の表現の中で重要な役割を果たしているものの一つです。

イエスの慈愛は掟ではなく、希望

イエスの生きざまと教えに基づくキリスト教の倫理観は人に解放感をもたらすはずのものであり、「心に刻まれたキリストの生き方」は人間を自由にしてくれるものです（ガラ6・2参照）が、命令型だけで説かれれば、誤解されるでしょう。イエスが伝えたのは「よい知らせ」（good news）、福音なのです。それを聞く者には、希望と喜びが与えられます。イエスは、「自分で背負うことができない重荷を人に負わせるな」と述べられました（ルカ11・46参照）。また、ヨハネの第一の手紙では、「その掟は重荷になるはずはない」とも言われています（一ヨハ5・3）。倫理教育が人々の重荷になっているとすれば、教え方が福音から離れてしまったからでしょう。重荷になれば、福音にはならないのです。マタイによる福音書では、「わたしのくびきは担いやすく、わたしの荷は軽い」（マタ11・28―30）と書いてあります。イエスは重荷を背負っている者に安らぎを与えようとしました。では、この明るい倫理の説き方を理解されているか誤解されているかをわきまえるために、もっとも適切な聖書箇所はイエスの最後の晩餐の場での言葉であり、「愛のすすめ」と呼ばれている名言です。ヨハネ福音書で次のように述べられています。「父がわたしを愛されたように、わたしもあなたがたを愛してきた。わたしの愛にとどまりなさい。わたしが父の掟を守り、その愛にとどまっているように、あなたがたも、わたしの掟を守るなら、わたしの愛にとどまっていることになる」（ヨハ15・9―10）。「わたしが生きているので、あなたがたも生きることになる。かの日には、わたしが父の内におり、あなたがたがわたしの内にいる」（ヨハ14・19―20）。

この言葉は「愛の掟」または「新しい掟」と呼ばれて教会でとても大事にされていますが、十分に理解されているでしょうか。新しい掟と呼ばれるこのイエスの言葉は掟と言えるでしょうか。そして、どの意味で新しいと言えるでしょうか。

まず、掟についてですが、もともと愛することは命令できないものではないでしょうか。自分自身の内部から湧いてこなければ、人を愛することができるでしょうか。

それから、「新しさ」についてですが、神の愛と隣人愛は切り離せないこと、神を愛するように隣人を愛しなさいということはすでにユダヤ教の信仰で言われていたのです。この勧めの新しさがわかるためには、「イエスのように」という愛の仕方に目を向けなければならないでしょう。でも、イエスのように愛しようではありませんかと言われたら、おそらく「そんなことはなかなかできない」とか「そんな理想は私にとって高すぎる」と私たちは正直に答えるのではないかと思います。

実は、「イエスのように」という言い回しにこの言葉を理解する鍵があります。イエスのような最高の愛を完ぺきに模倣しなさいという意味で理解したら、それは無理だ、私にはとうていできないと言うしかないでしょう。「イエスのように」というのは「イエスと同じ方法、イエスと同じ仕方」で愛しようという風に理解すればその愛の勧めを受け止めやすくなるのではないでしょうか。というのも、イエスは父なる神から注がれた愛を受けて、その愛を私たちに注ぎ渡しました。同じようにイエスから私たちが注がれている愛を人のほうへ引き渡していこうということです。

このように理解すると、イエスとその弟子のあいだに次の会話を想像することができます。イエスは「私があなたを愛したようにあなたが人を愛しなさい」と言います。弟子は、「私にはできません、私にはそのように人を愛する能力はありません」と答えます。そこで、イエスは弟子に、「あなたにはそんな能力がないことを知っていますが、愛する能力をあなたに与えます。私があなたに注ぐ愛をもって人を愛するようになれますから希望を失わないでください」と言い続けます。

愛するエネルギーを電気にたとえましょう。停電が起こったとして、「あなたのところの発電所を使ってください」と言われて、「いや、私のところには発電所がない」と断ったとします。しかし、となりの建物には発電所があるからそれとつながったら、あなたのコードを通してその電源が流れるようにすることができます。

要するに、「イエスのように愛しなさい」というのは命令の戒めではなく、励ましの言葉です。「～すべき」の倫理ではなく、「～できる、～したい」の倫理です。「愛すべきである」というタイプの倫理ではなく、「愛することができるから愛しようではないか」という希望の倫理です。最後の晩餐でのイエスの言葉は命令や掟ではなく、切実な願いと励ましの言葉であったというわけです。

ここまで解釈してきたヨハネ福音書の言葉はギリシャ語で書かれたのですが、「私のアガペ」とは「私の愛」と訳され、「私にメネインする」とは「私の内にとどまる」と訳されます。最近ある聖書学者はイエスが語ったと思われるアラム語にさかのぼって訳しなおした結果、「私の慈愛」と「私の内部」ということばの語源について「腸、子宮、慈しみ、憐れみ、愛、いたわり、祝福」などの語彙が互いにつながりあっており、いわば「慈愛の言語」が注目されるようになりました。その聖書学者は先のヨハネ福音書の言葉を次のように意訳風に置きかえています。

「私の父は私に対して慈愛（アラム語でhubba）を注いだように、私もあなたたちに対して慈愛を注いだ。どうかわたしの内部・心底（rehma）に留まりなさい」。この「心底」は日本語で「腹を痛めて産んだ子」というときの「腹」とか、スペイン語でhijo de mis entrañas（わが腹の中で育てた子）というときの「腹」とも関連があります。

イエスの内・内部・心底にとどまる（ギリシャ語でメネイン）は「イエスのように」神から流れ出る愛を受け、その流れの中に入り、またはそれが流れ続くようにすることです。これはイエスのように愛するということです。そうでしたらなかなか愛せない私みたいな者でさえも愛するようになるから励まされます。この愛の流れのことを信仰告白で用いられる言葉で表せば、「聖霊の交わり」とも呼ばれ、血液循環にたとえられる「神の慈愛の円環性」に生きるということです。つまり、血液が心臓から体のすべての細胞にとどくように、信仰者は神さまの慈悲の泉から祝福を受けて、血管のようになり、神さまの慈愛の流れを人々の隅々にまで届けるよう促されています。私たちが神から慈しまれるように、私たちも人々を慈しむように招かれています。神の慈悲の流れは、人々を生かすのです。慈しまれて慈しみ合うこと、生かされて生かし合うこと、祝福されて祝福し合うことは慈愛を中心にしたキリスト教倫理観であり、その生き方に招かれている私たちにその生き方ができるようにしてくださる神の息吹（聖霊）がその希望の倫理の原動力です。

特別聖年に、慈愛と希望のまなざしを

「特別聖年」（二〇一五―二〇一六）の期間は、神の慈愛に気づき、人に対する慈愛を実践する大切な時となっています。この機会に教会を導く教皇フランシスコは、信徒が自分の信仰の持ち方をふりかえるように勧め、次の問いかけを各人が自分に言い聞かせるように勧めています。（1）イエスのまなざしで見られ、神の慈愛を受けているという実感は私にはあるのでしょうか。（2）イエスのまなざしで人を見、人に慈愛をかけることは私にできるでしょうか。このように、私たちを神の慈愛に目覚め、人に慈愛をかけるようにすすめていきます。心を入れ替える巡礼の旅をして慈愛の門を通って神に立ち返ろうというのは聖年の年のテーマです。

神の慈愛を自覚し、その実践を生きる特別聖年を交付するに当たってフランシスコは『イエス・キリスト、父のいつくしみのみ顔』という題の大勅書を出しました。バチカンのホー

ムページにはさまざまな国語に訳されたその文書が掲載されましたが、国語によってはミセリコルヂア（misericordia、慈愛）に当たる訳語はそれぞれ違うイメージを思い起こすので、翻訳者たちが戸惑いました。フランシスコ自身はその問題を予想してこう言っております。「神の慈愛とは抽象的な概念ではなく、親の愛のように、具体的な現実です。はらわたがちぎれるこの慈愛はいたわり・あわれみ・慈しみ・やさしさ・ゆるし・寛大さなどの形であふれ出るのです」（『イエス・キリスト、父のいつくしみの顔』6項）。

なるほど、どうしてフランシスコは聖年のテーマを提示する文書の題を「慈しみについて」とだけ言わずに、「イエス・キリスト、父のいつくしみのみ顔」と書いた理由がわかります。つまり、フランシスコが強調したいのは世間でいう「いつくしみ」ではなく、イエスの振舞い方から学ぶ「慈愛」こそ勧めたいからです。そしてイエス・キリストの慈愛に促されて「天の父は慈愛深いように、あなたがたも慈愛深いものになりなさい」という福音の言葉をもって私たちを慈愛を実践するように励ましたいのです。

イエス自身はホセア預言者の名言を繰り返しました。「主はいわく、私が好むのは生贄ではなく、慈愛です」（ホセ6・6）。山上の説教の中で、「人の痛みがわかる人は、神からの力がある」（マタ5・7）と言われており、その慈愛から正義と平和および人間解放のためのかかわりが生じるのです。「平和のために働く人は、神の力があり」（マタ5・9）、「解放、正義に飢え渇いている人は、神からの力がある」（マタ5・6）とも言われています。神の慈愛という「泉」から二つの川が湧き出ており、一つは平和をつくる運動であり、もう一つは解放・正義をもたらす運動です。この二つの川の流れが合流して「正義と平和」の大川を形成するのです。聖書では「正義と慈愛」が切り離せない関係にあります。詩編で歌われているように、「慈愛とまことは出会い、正義と平和は抱きあう」のです（詩85・11）。

イエスの弟子は神の慈しみを仰いで、傷の癒しと罪のゆるしをいつも必要としている者です。このことを認めることからミサ聖祭が始まります。はじめてミサに参加した求道者は違和感があったと言っておりました。それは「犯した罪を認めましょう」という言葉を最初に聞かされたからでした。罪と聞いて「警察の厄介になった」ことだけが浮かんでこなかったかもしれません。しかしミサの初めに行われる「回心とあわれみの義」を正しく理解したいです。そのために司式者の挨拶の言葉を次のように置き換えられます。「みなさん、感謝の祭儀を捧げる前に心を整えましょう。心の準備として私たちを含めて教会全体も傷ついた者であることを認め、私たちの傷に対して癒しを、過ちに対してゆるしをいただきましょう」。そして神から慈しまれていると信じる私たちが人を慈しみ、互いに慈しみ合う世の中を造っていきたいものです。

慈しまれてありがたく思い、神さまの慈しみを受けて感謝し、慈しまれて悦びを感じた者は、人を慈しむようになります。信仰は、感謝と悦び。伝道は喜び合いの波のうねりが広がるようにすることです。雨が降り、雪が降って、山のふところに水が累積する。山のふもとから泉が湧き、小川になり、大川になり、その川の流れは大地を潤します。慈しみの雨を受けた者は自分の中にそれをためておくわけにはいかないのです。慈しみの泉となり、いつくしみの川となって、世の中をうるおします。このように「慈しみの大波のうねりを引き起こそうではありませんか」とフランシスコは言います。

現代日本の社会現状をさめた目でみれば、おもて看板のゆたかさの反面にすこやかでない傷だらけの状態にあることがわかります。家庭生活も自然環境も傷をこうむり、悲惨な犯罪の登場によって地域社会の調和が崩れます。この社会病理を診断することができても、治療の仕方を見出すのは簡単ではないでしょう。

ところで、慈しみのたりない「無関心と無縁の社会」の中において、人として扱われない人、排除され人隅に追いやられる人が大多数です。人を慈しむ人間連帯の絆を結びつけようではありませんか。二〇一五年のお正月に「世界平和の日」において教皇メッセージでフランシスコはこう訴えました、「もはや奴隷としてではなく、兄弟姉妹として生きよう。人を慈しまない奴隷化と無関心のグロバリセーションに対して慈悲と人間への関心、そして兄弟愛の連帯のグロバリセーションを引き起こそうではありませんか」。

前述したように、慈悲にもとづいた正義と平和の建設が進められるとき、正義と言っても世間でいう正義ではなく、神がのぞまれる正義です。平和と言っても世間でいう平和ではなく、神がのぞまれる平和であり、正義と平和の建設を実現させる神の慈愛です。神の平和を造ることは壊れているつながりを結びなおすことです。神の正義は縛られ、囚われている人を解放することです。結びなおすこと、解き放すこと。これこそ神の慈しみにもとづく平和づくりの働きです。イエスは弟子たちとの別れのとき、自分がつかわされたのと同じように彼らをつかわし、神の慈愛の働きを広めるようにという使命を与えました。つまり、人と人をつなぐ「絆」を結ぶようにし、人を縛っている「鎖」から人を解き放すようにという使命を与えてイエスは弟子たちを派遣されました（ヨハ20・21―23参照）。

フランシスコは言います。「まさに第二バチカン公会議閉幕五十周年目に当たる日に、わたしは聖なる扉を開くことになります。教会は、第二バチカン公会議の出来事を生き生きと保つ必要を感じています。この出来事によって、教会の歴史は新しい段階へと移りました。公会議教父たちは、現代の人々に神のことをもっとわかりやすい方法で語らなければならないということを、聖霊のまことの息吹として、はっきりと感じていました。あまりに長い間教会を特権のとりでに閉じ込めていた壁が崩れ、新たな方法で福音を告げる時が到来していたのです……公会議の開会宣言として、たどるべき道を示すために聖ヨハネ二十三世が述べた意義深い言葉が思いだされます。『今日、教会は厳格さという武器を振りかざすよりも、むしろ慈悲という薬を用いることを望んでいます』」(『イエス・キリスト、父のいつくしみの顔』4項)。

こうした方針に照らしてフランシスコは、聖年の間、特に大切にされている秘蹟の預かり方を見直しております。その見直しの二つの例をあげましょう。一つは「ゆるしの秘蹟」です。もう一つは「聖年の特別な祝福」のことです。

(A) ゆるしの秘蹟の見直し。ゆるしの秘蹟は「裁きの場」ではなく、「癒しの場」になるはずです。フランシスコはこう勧めております。「ゆるしの秘蹟は、神の慈悲の偉大さにふれさせます。贖罪司祭であることは、イエスと同じ使命に参与します。だれもゆるしの秘蹟の主人ではなく、神のゆるしに使える忠実な僕です。贖罪司祭は、放蕩息子のたとえのあの父親のように、信者を向かえ、回心して家に帰ってきた息子を抱きしめ、再会の喜びを表すよう求められています」(同上、17項)。

(B) 聖年の祝福(免償と呼ばれる祝福)の見直し。フランシスコは、「免償」という誤解されやすい言葉で呼ばれてきたこの「特別な祝福」は、いわゆる「罪の懲罰や償いの免除」よりも、「信仰生活の滋養・セラピー・回復」としてとらえております。

私たちはいつも、神さまの慈悲の中にあります。神さまの慈悲は泉のようで、尽きることがありません。この慈悲は、①ゆるしの秘蹟では、罪の赦しとなって現れます。②そしてまた、神さまの慈悲は「Indulgence（特別な恵み）」となって、罪が赦されたあとの癒し、傷を回復させるための力となります。

これまでは「免償」といえば、「懲罰」や「対価」としての意味合いが強調されてきました。しかし、フランシスコは、「免償」は特別な恵みだと考えます。罪を犯したから罰を受ける人がなにかをすることで罰の軽減を求めるとか、お金で解決できるものとしてとらえてはいません。そうではないのです。フランシスコの言う「免償」の見直しとは、あくまで祈りを通じた信徒の交わりであり、神さまが与えてくださる癒しです。要するに、神さまは裁判官ではありません。むしろ、私たちをいやすお医者さまだと言えます。

フランシスコは言います。「特別聖年に特別な祝福を体験することとは、御父のゆるしが信者の生活全体に及ぶという確信をもって御父の慈愛に近づくことです。特別な聖年の祝福とは教会の聖性の体験であり、教会はすべての人をキリストの救いがもたらした恩恵にあずからせます。そうして神の慈愛は隅々にまで広がり、そこの神の慈愛がもたらせるのです。罪をゆるし、慈愛に満ちた特別な祝福を広げてくださるよう御父に願いながら、この聖年を祝いましょう」（同上、22項）。

このように、聖年の祝福（免償）を「愛する能力を与えてくださる」ものとして解釈し直した教皇フランシスコはまさに「掟と法の倫理」ではなく、「希望と慈愛の倫理」を再発見させていると言えましょう。

「病者の塗油」に見られる希望

具　正謨

はじめに

この記事ではローマ・カトリック教会の儀式の一つである「病者の塗油」を通してキリスト教における希望の意味について考えたい。「病者の塗油」はすでに新約聖書が書かれた時代から実践されていた非常に古い儀式である。新約聖書によるとキリスト者たちは病者が癒されることを願って共同体の代表者たちが病者に塗油をし、癒しとゆるしを願ったとある（ヤコ5・14―15）。癒しとゆるしはイエスによる神の国の臨在を表す希望と喜びのしるしの一つであったが、初期のキリスト者たちは「病者の塗油」がイエスの癒しとゆるしの宣教の延長線であると理解したのである。

この記事ではまず、新約聖書に現れる癒しの聖書的な意味について考察する。イエスの宣教における癒しとはどのような意味があったのか、そして初期キリスト者たちはそれをどのように継承したのかを確認する。「全人的」（holistic）という言葉は、新約聖書に見られる癒しの意味を深く理解するための鍵となると思われる。

第二章では、現在ローマ・カトリック教会で使っている「病者の塗油」の儀式書を紹介しながら、現代のキリスト教がどのようにイエスの癒しの宣教に取り組んでいるのかを考察する。周知のとおり、ローマ・カトリック教会は第二バチカン公会議（一九六二―一九六五）で典礼の刷新を呼びかけた。「病者の塗油」の儀式書も新しい規範版が一九七二年に発行された。日本語の翻訳版は一九七四年に第一版が出され、一九七九年に改訂版が出版された。ここでは、日本語の翻訳版を中心に、「病者の塗油」の儀式がどのようにイエスと初期キリスト教の癒しの伝統を引き継いでいるかについて紹介する。

最後の結論では「病者の塗油」という観点から「病気」あるいは「高齢化」の福音的な意味を「希望」という観点から探る。多くの社会学者たちが語っているように技術文明を特徴とする現代は、医療技術の発達によって多くの病気が迅速に治療できる時代であるが、他方では、多くの高齢者や病者が孤独の中で一人で人生の最後を耐えながら過ごしていることも事実である。この記事の最後では、キリスト教の癒しの意味が現代の孤独の中を生きる人々にどのような意義を与えるかについて考えてみたい。

一　イエスの癒しの宣教と初期キリスト教共同体における癒しの宣教

1．イエスの癒しの宣教

（1）メシアとしてのイエスの宣教の特徴

福音書は多くの箇所でイエスの癒しの宣教について伝えている。福音の全体の分量の約五分の一がイエスの癒しの物語と関係するほどである。それは、イエスの癒しの宣教が神の国の到来を伝える最も明らかなしるしであることを証している。例えば、マタイ福音書の「イエスは町や村を残らず回って、会堂で教え、御国の福音を宣べ伝え、ありとあらゆる病気や患いをいやされた」（9・35）や、ルカ福音書の「日が暮れると、いろいろな病気で苦しむ者を抱えている人が皆、病人たちをイエスのもとに連れて来た。イエスはその一人一人に手を置いていやされた」（4・40）などの箇所は、普段イエスがいかに多くの病者たちと関わっていたかを物語る例である。

イエスの癒しの宣教の特徴は一言で言えば、全人的なものであったと言える。すなわち、それは体の治癒だけではなく、精神的な解放（罪のゆるし）、悪霊からの自由、また死者の復活なども含まれているのである。それについては、ルカ福音書四章のイエスが安息日に会堂で朗読した聖書箇所がシンボリックに示してくれる。

イエスは〝霊〟の力に満ちてガリラヤに帰られた。その評判が周りの地方一帯に広まった。イエスは諸会堂で教え、皆から尊敬を受けられた。イエスはお育ちになったナザレに来て、いつものとおり安息日に会堂に入り、聖書を朗読しようとしてお立ちになった。預言者イザヤの巻物が渡され、お開きになると、次のように書いてある個所が目に留まった。「主の霊がわたしの上におられる。貧しい人に福音を告げ知らせるために、主がわたしに油を注がれたからである。主がわたしを遣わされたのは、捕らわれている人に解放を、目の見えない人に視力の回復を告げ、圧迫されている人を自由にし、主の恵みの年を告げるためである。」イエスは巻物を巻き、係の者に返して席に座られた。会堂にいるすべての人の目がイエスに注がれていた。そこでイエスは、「この聖書の言葉は、今日、あなたがたが耳にしたとき、実現した」と話し始められた。皆はイエスをほめ、その口から出る恵み深い言葉に驚い……た。（4・14―22）

ルカ福音書はイエスがイザヤの巻物を朗読したとある。ここで引用されるイザヤ書六一章の一節から二節は「油注がれた者」すなわち「メシア」の到来によってもたらされることへの預言である。旧約思想において「油注がれる」とは王や（大）祭司や預言者など、神に特別に仕える人々が聖別されることを意味していた。そしてやがてユダヤ教後期においては「メシア待望」の思想に発展するようになっていた。

「主の霊が私の上におられる」とは、神がこの世を創造した時にアダムに与えた神の息吹を思い出させる（創2・7参照）。油注がれた者としてのメシアはアダムに代わって人類を新しくする使命を持っているのである。彼が行う主な使命は「神の恵みの年」を実現することである。旧約思想において「神の恵みの年」（ヨベルの年＝Jubilee、日本語では普通「聖年」と訳す）とは、「奴隷の身分になった人が自由になり、借金が帳消しされ、そして土地が元の主に返される」ことが特徴であった（レビ25章、申15章参照）。要するに、人間の欲望やエゴイズムによって拗れていた混乱が神の創造の時の秩序に回復されるということである。それをイザヤ書は「貧しい人に福音が告げ知らされ」、「捕らわれている人が解放を体験し」、「目の見えない人が視力の回復を得」、「圧迫されている人が自由になる」という表現で示している。この叙述的な表現はこれから神の霊に満たされたイエスが宣べ伝える神の国の福音の内容を表してくれると同時に、イエスによって行われた癒しの福音がどのようなものであるかを示してくれる。

（2）イエスの癒しの宣教の神学的な特徴

福音書に現れるイエスの癒しの宣教には複数の神学的な意義が込められている。それは、①実際の身体的な治癒、②罪のゆるし、③病者や隣人の信仰、④病者の共同体への復帰、そして⑤死者の蘇生のように、イエス・キリストの過越しの神秘への参与というテーマも含んでいる。

例えば、ガリラヤにおける皮膚病患者の治癒の物語（マコ1・40―45とその並行箇所）は、病気のために共同体から離されていた人の自分の共同体への復帰を表し、カファルナウムの会堂で悪霊に取りつかれた人をいやす場面（マコ1・23―28とその並行箇所）は神の恵みが悪（サタン）の勢力に打ち勝つことを示す。マグダラのマリアの治癒の場面（ルカ8・2）も、自由に神の意志に仕えることができないように妨害している悪の力から自由になることと関係する。マグダラのマリアは最終的にはイエスの復活を証する人物になった（ルカ24・10とその並行箇所）。カファルナウムにおける中風病患者の治癒（マタ9・2―8）は、ゆるしの体験、そして病者を助けた周りの人々の信仰と関係する。

当時のユダヤ教の考えと異なり、イエスは病気やそれに伴う苦しみが病人や彼（女）の家族の罪と直接つながっていることを否定した。罪と病気との因果性を否定したのである（例えば、ヨハ9・3）。しかし、イエスはもし必要性があるときには（病人が罪悪感などで苦しむなど）、病気の癒しと共に罪のゆるしも宣言した。

イエスの癒しの宣教において最も大事な要素は神の恵みに応答する信仰である。神の恵みとしての癒しは機械的なものや自動的なものではなく、神と人間との人格的なかかわりの中で起きる出来事である。そのため、癒しは人間側の神の恵みへの反応が必要である（例えば、三八年間出血で苦しんだ女性の治癒、ルカ8・48とその並行箇所）。反対に人々が信仰なしに、ただしるしを求める形で奇跡を要求するなら癒しは起こらない（例えば、マコ6・5）。

イエスの癒しの宣教においてもう一つ大切なことは、メシアであるイエスを通して伝わる神の恵みが既存のユダヤ人の枠組みを超えて、異邦人にも伝わるということである。例えば、百人隊長の部下の癒しの話（マタ8・5—13とその並行箇所）やティルスとシドン地方の異邦人女性の娘の癒しの話（マタ15・21—28とその並行箇所）などがそれである。一つ特記すべきことは異邦人をいやす場面においてイエスはいつも彼らの信仰の深さ（ユダヤ人の信仰の勝るもの）に感心しているということである。

イエスの癒しの宣教との関連でもう一つ重要なテーマは、死んだ人の蘇生の物語である（ナインの寡婦の息子の蘇生、ルカ7・11—17、会堂長のヤイロの娘の蘇生、マタ9・8—19とその並行箇所、ラザロの蘇生、ヨハ11・19―44)。これらの話は治癒とイエスの過越しの神秘の関連性を示している。生前のイエスの癒しの宣教は究極的にはイエスの死と葬りと復活という過越しの神秘によって意味づけられるということである。

以上、簡単に考察してみたように、イエスの癒しの宣教は複数の神学的なテーマが含まれていることがわかる。場合によっては身体的な治癒が強調されたり、共同体への復帰が強調されたり、信仰心が強調されたり、罪のゆるしが強調されたり、悪霊からの自由が強調されたりするが、基本的にはメシアであるイエスによって示された神の恵みの年(=神の国)が今、ここでイエスの福音宣教と共に実現したということである。そして神の恵みによる癒しは、部分的なものであるより、人間人格の全体と関わる全人的なものであることがわかる。

2　初期キリスト教共同体による癒しの宣教

(1)　新約聖書の全般に見られる癒しの宣教

新約聖書はイエスの過越しの神秘を経た初期キリスト者たちの癒しの宣教の様子を伝える。彼らはイエスの復活と聖霊体験に促され、最初はユダヤ人に、そして次第に異邦人に福音を宣べ伝えながら、生前のイエスの癒しの宣教を続けた。

使徒言行録によると、ペトロはイエスの死と復活に関するケリュグマを宣べ伝えたのち、神殿の境内で足の不自由な人を癒す（3・1—10）。後でパウロはリストラにおいて同じように病者を癒す（14・8—10）。ここで使徒たちの癒しの宣教と関連して特記すべきことは、彼らがいつも「イエスの名によって」病者を癒しているということである。福音の証として行われる病気の治癒は復活したイエス・キリストの現存のしるしである。生前のイエスによって行われていた癒しの宣教は今や使徒たちを通して継続されており、その最終的な根拠は使徒たち自身にあるのではなく、彼らに権威を与えた復活したイエスの現存にある、ということである。

マタイ福音書の一〇章ではイエスが一二人の弟子に悪霊を追い出し、病気を癒す権威を授けながら派遣する場面が描かれている。並行箇所のマルコ福音書六章は弟子たちの癒しの宣教の様子を伝えながら「こうして十二人が出て行き、悔い改めを説き広め、悪霊を多く追い出し、大勢の病人に油を塗っていやした」（12—13節）とある。塗油と関連したこの表現は福音書が記録される時代における使徒たちによる癒しの宣教の様子を伝えるものとして解釈されている。

（2）ヤコブ書における病者の癒しの宣教

ヤコブ書五章は伝統的にキリスト教の病者の塗油に聖書的根拠を与えた箇所であった。一三節から一八節まで、ヤコブ書は次のように病者の塗油について描き、当時の共同体の病者の塗油の様子を伝えている。

あなたがたのうちに苦しんでいる人がいますか。その人は祈りなさい。喜んでいる人がいますか。その人は賛美しなさい。あなたがたのうちに病気の人がいますか。その人は教会の長老たちを招き、主の御名によって、オリーブ油を塗って祈ってもらいなさい。信仰による祈りは、病む人を回復させます。主はその人を立たせてくださいます。また、もしその人が罪を犯していたなら、その罪は赦されます。だから、主にいやしていただくために、罪を告白し合い、互いのために祈りなさい。正しい人の祈りは、大きな力があり、効果をもたらします。エリヤは、わたしたちと同じような人間でしたが、雨が降らないようにと熱心に祈ったところ、三年半にわたって地上に雨が降りませんでした。しかし、再び祈ったところ、天から雨が降り、地は実をみのらせました。

この箇所は初期キリスト教共同体がどのように病者のためのケアを行っていたのかにつ

いて伝えている。「長老たち」とは地域共同体のリーダーたちを指し、複数形を使うことによって長老たちの訪問は共同体全体を代表するものであるということを表そうとする。彼らの祈りは信仰者個人の能力に基づくものではなく、教会共同体に与えられた聖霊の賜物（一コリ12・1―11参照）によるものであることを示す。

病者のための儀式自体はシンプルなものであった。「主イエスの名によって、オリーブ油を塗って祈る」。前述したように、イエスの名によって祈ることは重要なポイントである。この儀式的な行為がイエスへの信仰と委ねによって行われるということを示すからである。塗油が伴う信仰の祈りにおいて期待される効果とは、「回復させる」、「立たせてくださる」、「罪が赦される」とある。イエスの癒しの宣教の項で確認したように、福音的な癒しは全人的な意味での「回復」であり、「神のゆるし」という霊的な体験であり、またイエスの過越しの神秘に与るものとしての「立ち上がり」でもある。

3. 新約聖書に見られる癒しの宣教のメッセージ

以上、イエスと初期キリスト者たちの癒しの宣教について簡単に考察してみたが、ここで言われる癒しは、身体的な部分に限るものではなく、むしろ人の人格全体に関わる全人的なものであることが確認できた。それはキリスト教で考える救いがどのようなものであり、神の恵みによる癒しが救いとどのように結ばれているのかを表すものであった。聖書における病気の癒しは全人的なものである。なぜなら神による救いの恵みは人のすべての次元に及ぶものだからである。

ヤコブ書五章の一六節において「主にいやしていただくために、罪を告白し合い、互いのために祈りなさい」と記すことで、病気の癒しと罪のゆるしが体験的に深くかかわっているものであることが示される。しかも、それは病者だけの告白ではなく、共同体全体の告白である。信仰共同体はこのように病者を囲んで祈るにあたって、自分たちの罪を互いに告白しあうことによって神への信仰と信頼の恵みを深めることになる。共同体全体の信仰体験の深化は、一人の病者の癒しと深くかかわる。

二　「病者の塗油」に見られる癒しの恵み

1　「典礼憲章」に見られる「病者の塗油」

第二バチカン公会議は「病者の塗油」に関する刷新を求めたが、それは「病者の塗油」に関する神学的な観点の変化と関係する。「典礼憲章」は73番から75番まで、それについて次のように述べている。

[73]「終油」はむしろ「病者の塗油」と呼ばれるべきであり、危篤の状態にある人のためだけの秘跡ではない。したがって信者が、病気や老齢のために死の危険にある場合、この秘跡を受けるにふさわしい時が確かに来ている。[74]病者の塗油と臨終の聖体拝領とが別になっている儀式のほかに、告白の後、臨終の聖体拝領の前に病者が塗油を与えられるよう、継続した式次第を作成する。[75]塗油の回数は、事情に応じるべきである。また、この秘跡を受ける病人の状態に合わせるように、病者の塗油の儀式に属する祈願を改訂すべきである。

この記述はトリエント公会議以降使われてきた「終油」(Extreme Unctione)の秘跡に関する新しい神学的な展望とそれに伴う儀式の改編を述べている。七三番によると病者に関する儀式はそれまでとは異なり「臨終の直前に」「残されたすべての罪を赦してもらうために」受ける最後の秘跡ではなく、「重い病気や老齢のために」何らかの形で死の危険を体験する人々が心身の回復を願って受ける秘跡であると理解される。また秘跡を受ける回数も柔軟に適用できるとして、病者や高齢者の状況に応じて、治癒の恵みが必要なときは司牧者の判断によって授けることができるという内容が暗示されている。病者の塗油は複数受けることができる。そして病者のための司牧的なケアは継続的なものとして考えられる。すなわち、軽い病気から重い病気、そして臨終の直前と臨終の直後に至るまで、状況に応じて病者と共同体が多様に対応できるように作成されるのが望ましい。

2 「病者の塗油」の儀式書

(1) 全体的な構造

一九七二年に「病者の塗油」の儀式書の規範版がラテン語で出版された。ラテン語の名称は Ordo Unctionis Infirmorum eorumque Pastoralis Curae (病者の塗油とその司牧的な配慮)であり、全部で七章によって構成されている。日本の教会においては「他の典礼書の翻訳作業などに追われて完全版を出版することができないので」(日本語版「病者の塗油」にある長江恵司教の「前書き」を参照) ただちに必要な部分だけを翻訳して作成したものである。日本語版は、①緒言のまとめ、②病人の聖体拝領、③病者の塗油、④緊急の場合の最後の糧(聖体拝領) という順で構成されている。一九七四年の初版のときには、②病人の聖体拝領の部分が抜けていたが、一九七九年に第二版の時に追加して現在に至っている。

「病者の塗油」の日本語版において一番問題になっているのは儀式の神学的な意味を示す「緒言」の部分がほとんど訳されていないということである。したがって、この記事ではまず規範版にある緒言の内容を簡単に紹介した後、儀式書の内容に入って、その精神が祈祷文の中にどのように反映されているかを考察することにする。

（2）「緒言」に現れる特徴

「緒言」は特に最初の一番から六番までにおいてキリスト教における病気と苦しみの意味について語っている。それによると「キリスト者は他の人と同じように病気と苦しみを人生の最大のチャレンジの一つとして体験するが、同時に、信仰の恵みによって、病気と苦しみをキリストの過越しの神秘の中で受け入れることを学び、また今の病気と苦しみがキリストの過越しの神秘に合致されるときに、自分と世界の救いに役立つものであるとも理解する」（1番）とある。すなわち病気とそれに伴う苦しみは物理的な欠陥として命における大きなチャレンジであり、それ自体生命に否定的な影響を及ぼすものではあるが、キリスト者は病気と苦しみをキリストの過越しの神秘に照らし合わせることによって、病苦の持つ積極的な意味をも見出すことができる。彼（女）らが自分の病気を信仰の中で勇気をもって受け入れることによって、最終的に自分と他者の救いに役立てる体験につながる。

「緒言」の二番においてヨハネ福音書九章の箇所が引用され「病気やそれに伴う苦しみと罪との因果性」が全面的に否定されている。イエスは罪がないのにもかかわらず世の救いのために十字架を背負うという苦しみを甘んじて受け入れた。そうすることによって苦しみは人を救うという恵みに変容したのである。病者を抱える共同体は病者と共にキリストの受難とそれに伴う苦しみを深く黙想することを通して、キリストの過越しの神秘を証するように招かれる。

「緒言」の三番において病者の苦しみ、あるいはキリスト者が体験するすべての苦しみは、この世の救いのために今も働いておられるキリストの苦しみに与るものであると述べている。パウロがいうようにキリストを信じる共同体はキリストのからだである。そしてそのキリストのからだとしての信仰共同体は終末における完成までキリストの苦しみを受け入れているのである。それについてパウロはコロサイ書で「わたしは、あなたがたのために受ける苦しみを喜びとしています。そして、キリストのからだのために、わたしの身をもって、キリストの苦しみの欠けたところを満たしているのです。キリストのからだとは、教会のことです」（1・24）と表現し、パウロ自身の苦しみとキリスト者たちの苦しみの持つ救済論的な意味を積極的に説く。またパウロはローマ書の八章で自分とキリスト者たちが体験している苦しみを全宇宙論的な救済の次元で述べている。

今の時のいろいろの苦しみは、将来私たちに啓示されようとしている栄光に比べれば、取るに足りないものと私は考えます。被造物も、切実な思いで神の子どもたちの現われを待ち望んでいるのです。それは、被造物が虚無に服したのが自分の意志ではなく、服従させた方によるのであって、望みがあるからです。被造物自体も、滅びの束縛から解放され、神の子どもたちの栄光の自由の中に入れられます。私たちは、被造物全体が今に至るまで、ともにうめきともに産みの苦しみをしていることを知っています。（8・18―22）

すなわち、アダムの罪によってもたらされたこの世の虚無（20節）は全被造物に及ぶものであり、パウロとキリスト者たちが今体験する苦しみは虚無と滅び（21節）から全宇宙を救い出すキリストの栄光の自由に参加するための連帯なのである。キリスト者は自分たちの苦しみをキリストのそれに合致させることによって、キリストによって成就されつつある被造物全体の完成に役立たせるように呼び掛けられる。このように、病者のための儀式書は病気と苦しみを連帯性の中で展開することによって、そのキリスト論的かつ救済論的な展望を示してくれる。

「緒言」四番においては病者と関わるすべての関係者（家族、教会共同体、医療関係者）の態度について語っている。彼らに共通する基本的な態度は「最善を尽くして病気と闘うことである」。病者自身は勇気をもって対応するように励まされる。家族や教会共同体や医療関係者は病者が身体的に（physically）、心理的に（mentally）、そして霊的（spiritually）に最善を尽くして対応できるように助ける。

病者と信仰共同体は病気という現実の中で自分たちの信仰の新しい側面を見出すことができる。イエスは病者に近づき、彼らの体に手を触れ、彼らと共に祈り、そして回復の後は彼らと共に食事をした。それは病者を癒すことと共に今まで遊離されていた共同体へ彼らを復帰させる意味を持っていた。信仰共同体が病者を訪れ、ともに祈ることによって、病者は今まで失われていた所属感を取り戻すことになる。病者は改めて自分がキリストのからだの一部分であるという認識をすることになる。それは今自分が抱えている病苦に対する理解の変容へつながる。すなわち、信仰共同体の祈りは病者の病苦がキリストの救済論的な苦しみにつながっているという感覚を深めるのである。そのような信仰の感覚の深化によって病者自身は共同体と世に向かって、自分の病気と苦しみをもってキリストを証することになる。

「緒言」五番は教会共同体の病者のための司牧をもっと具体的に表している。それによると「教会共同体はイエスがなさったように、病者の身体的な側面だけではなく、精神的、霊的な側面にも細心な配慮をする必要がある」。ここでも身体的に（physically）、精神的に（mentally）、霊的に（spiritually）という表現で病者の全人的な側面が現れる。信仰共同体は「ともに祈ることによって病者自ら自分の病気がキリストの受難に結ばれるように導き」、「特に病気によって陥りやすい精神的な不安から立ち直るように」助ける使命をもっている。「不安」とは病者の状態をもっともリアルに表す表現であると考えられる。すなわち、「不安」は病者が抱える一番大きなチャレンジの一つなのである。不安は病者に諦める気持ちを唆すからである。教会共同体の現存と祈りは病者が不安から抜け出して、すべてを神の恵みに委ねる信頼に変容できるためのものである。

「緒言」六番は今まで述べてきた内容を全体的にまとめ、病者の塗油がもたらす恵みについて語っている。儀式書の日本語版（八頁）にあるまとめを中心に、病者の塗油の求める恵みについてもう一度確認する。

この秘跡は、病人に聖霊の恵みを与えて、救いに関連して人間全体を助け、神への信頼を深めさせ、悪霊の誘惑と死の恐怖に対して抵抗力を強め、また病苦に耐えるだけでなく、これと戦う力を与え、さらに霊的な救いに役立つ場合は、体の健康を回復させ、また必要な場合は罪のゆるしをもたらし、全生涯の回心を全うさせるものである。

この説明によると病者の秘跡は聖霊の恵みを体験する場である。病者が体験しうる聖霊の恵みの中で最も大切な賜物は病者の神への「信頼」である。「信頼」の力は悪霊の誘惑や死への恐怖に対して対抗する真の力になるからである。信頼によって病苦に耐える力、そして病気に立ち向かう勇気を与えられる。そして信仰のうちに病者が神にゆるされ、今なお愛されている存在であるという感覚が深められる。その恵みは、体の回復につながる場合もある。

以上、「緒言」で確認できたことは次のことである。病者の塗油は共同体と病者とが信仰をもってともに祈る場であるということ、そしてその祈りは病者と共同体に神への信頼を深めさせる恵みの場であるということである。「病者の塗油」による癒しの恵みとは、病者の身体と精神と霊魂に及ぼす全人的なものである。

（3）儀式書の内容の特徴

日本語版の三六番において「病者の塗油」とは、「病人が危篤に陥るのを待つことなく、意識がはっきりしている間に受けられるように配慮すべきである」とし、また「病者はこの秘跡によって、霊的にも身体的にも助けられる」（日本語儀式書、二四頁）とし、今まで理解してきた内容を再確認してくれる。「霊的にも身体的にも」とは前述の、身体的（physical）、精神的（mental）、霊的（spiritual）という三つの次元を示すものとして考えられる。

同じく日本語版の六五番には「ゆるしの秘跡」について言及し「司祭はゆるしの秘跡を塗油の秘跡の前に行うか、病者の塗油のときであれば、塗油の前に行う」と指示している。それは神の恵みとしての癒しとゆるしとが全人的な恵み体験に関係することを暗示するものである。

六六番は塗油の秘跡のふさわしい場所について触れている。最もふさわしい場所は「教会であるが、病人の状態によって柔軟に対処すべきである」とある。そして、秘跡の執行について触れ、できれば司祭一人ではなく「少なくとも家族や友人が集まる」ことが望ましい。この箇所は病者の塗油が共同体の祈りに基づく共同体の秘跡であるということの確認である。六九番では司祭が聖水を病人や病人がいる場所に振り掛けることについて言及されている。その目的は病者を含む集まった共同体全体に洗礼の恵みを思い起こすことである。司祭は「洗礼の記念であるこの水が、受難と復活によって私たちを救ってくださったキリストを思い出させてくれますように」と祈りながら水を撒く。ここでは洗礼の恵みと病者の塗油の関連性が表れる。洗礼は一人の人間がキリストの過越しの神秘に合致させていただく最初の秘跡である（ロマ6・3―6参照）。病者の塗油は病気という状況において洗礼のときに受けた恵みをさらに深化させていただく場なのである。

七〇番では司祭の勧めのことばが語られるが「主の名によって集まった私たちの間に今、主イエスがおられ（る）」と言い、この式における真の司式者は復活して共同体の信仰の祈りのうちにおられるイエスであることが確認される。

七三番の連願においては、塗油において求められる恵みが列挙されている。それをまとめると「主イエスが病人を訪れ、慰めてくださる」、「すべての悪からこの兄弟を救ってくださる」、「すべての罪と誘惑から解放してくださる」、「病人を世話する人々を力づけてくださる」、「救いと回復を与えてくださる」という内容である。この連願において塗油で求められる恵みが全人的なものであることが再確認される。

七五番においては塗油する油の祝福の祈願文が紹介されている。その一部を紹介すると次のとおりである。「この油を注がれる人があなたの祝福を受けて、体と心の健康を取り戻し、すべての病気と苦しみから解放されますように」。ここでの「体」と「心」という表現も三六番と同様、規範版における人間の身体的次元、精神的次元、霊的次元を表す。

七六番は塗油と共に唱えられる祈りが紹介されている。「この聖なる塗油により慈しみ深い主キリストが聖霊の恵みであなたを助け、罪からは解放してあなたを救い、起き上がらせてくださいますように」。ここでも「助け」「解放」「救い」「起き上がり」などの表現を通してこの秘跡が目指す恵みの全体的なパースペクティブが表れる。ここでは「救い」という観点を中心に、「助け」、「解放」、「起き上がり」という表現によってその現実が具体化されている。「起き上がり」とは文字通り身体的な回復を表すと同時に、究極的にはイエス・キリストの過越しの神秘に与るという意味も含んでいる。すなわち、この世の限りある命を超えて、イエス・キリストによってもたらされた永遠の命につながることが最終的に求められているのである。

この終末論的な次元は塗油を締めくくる祈願文の中でもうかがえる。「すべての人の救い主イエス・キリスト、あなたは十字架上で私たちの弱さをにない、わたしたちの苦しみを受け入れてくださいました。病の床にある……のために心を込めて祈ります。あなたによってあがなわれた兄弟が救いの希望に支えられ、心もからだも強められますように」。病者の塗油が最終的に向かう目的は、洗礼のときに受けたキリストの過越しの神秘を完成するところにある。それはこの世における目に見える回復を超えて広がる希望の次元である。ここで病者の塗油が示す「希望」とは何かが浮き彫りになるのである。キリスト者の希望とはこの世を超える復活の神秘に基づいているものなのである。

結びに

以上、儀式書から確認したように、教会共同体は病者の塗油を通して病気の人を中心に集まり、自分たちの信仰の源泉、希望の源泉に戻るように促される。病苦は医学的に見れば物理的な欠陥であり、できるだけ早く治すべき現象である。病気にかかることによって病者や家族は心理的な落胆をも体験する。未来への不安と死への恐れによって、今まで培ってきた信仰が脅かされることもあり得る。病者の塗油は、このような危機的な状況において、キリスト者が目指す希望とは何かを示す秘跡なのである。

教会共同体は病者の塗油をもって危機的な状況にある信仰者を囲んで信仰の祈りをささげる。この祈りは、無意味にしか見えない状況が神の恵みの前では希望を深める場であることを教えてくれる。病者の塗油において病者と共同体全体はキリストの過越しの神秘の最も深い次元、すなわち死を超える新しい命の希望に招かれるからである。そうすることで、神の救いの恵みはこの世的な生と死を超えて広がっていく。

塗油の儀を締めくくる祈願文の中の「老人のための祈り」を紹介しながらこの記事を終えたい。

「慈しみ深い神よ、老年になって患い、今、塗油を受けて心と体の救いを祈り求める……を顧みてください。あなたの霊に満たされて慰めを受け、信仰と希望に支えられて忍耐の模範となり、あなたの愛の喜びを現すことができますように」。

健康や若さを拝む現代社会の観点から見れば、病苦や老年の患いはただのマイナス的なものに見えるかもしれない。しかし、この祈願文は、老人は患いの中で信仰と希望と愛の真の証になることを語る。これは現代社会に語りかける一つの福音的なビジョンであるように思われる。キリスト教は常に老年や病気によって孤独や苦しみに追いやられている人々を助けることを大事なミッションとして考えてきた。それは彼らがただ助けられるということではなく、彼らを通して現れ、成就していく救いの神秘を共同体が一緒に祝うということである。キリストの過越しの神秘の中では人生の生老病死のすべての瞬間がある意味で救いの恵みを祝う瞬間である。それぞれの瞬間を通して信仰者は共同体の祈りの中でキリストの過越しの神秘に近づいていくからである。このプロセスにおいて共同体の信仰がこもった祈りは大事である。なぜなら信仰の祈りは共同体全体が聖霊の恵みを正しく識別し、キリストの過越しの神秘により深く結ばれていく道だからである。

迷いのなかの希望

鈴木　伸国

「閉めないでください。わたしも外にだしてください。わたしはみなさんの友だちになります」。一人の女神が箱の蓋をあわてて閉じようとした瞬間に、蓋の下のすきまから女の子の小さな、しかし叫ぶような声がしたという話があります。その声の主の名がエルピス（ギリシャ語で「希望」）と言ったそうです。古代のむかしから希望は小さく、またはかなく、しかし最後に残される望みとして描かれていたようです。

そんな希望ですが、たとえ水の一滴ほどの小さなものでも、人のこころのなかに落ちれば、不安や怖れのなかで固く、冷たくなってしまっていたこころをほぐし温め、下を向いていた目を引き上げて未来というものを見つめさせて、こころを新しい光のなかで歩きはじめさせる力もあります。

現代の社会のなかで、希望はわたしたちのこころに命を与えていてくれるでしょうか。現代、人は希望を見失いかけている、わたしにはそんな感じがします。

日本で若者たちは、希望や夢をもたなくなってきていると言われます。それも、希望をもちたくても、もてないというのではなく——識者の方々によれば——、若者たちは夢や希望をもつということと次第に無縁になってきているようです。何かうすら寒いような話にも聞こえますが、実際に調べて見ると、寒いというよりむしろ奇妙な話のようです。というのもそんな若者たちは近年、ますます「自分たちは前にも増して幸福を感じるようになってきている」と言っているという統計があるからです。

そうすると希望はこの世代のなかで見失われているのではなく、忘れ去られているか、この世界とは縁のないものになっているか、あるいは少なくともどこかにはぐれて行ってしまっていると言った方がいいことになります。

でも、もし昔話が言うとおりに、希望が最後の望みであるとすれば、ここで「わたしたちは希望を見失ってしまった」と嘆いてみても——もう後の祭りで——役にはたちそうにありませんから、宝探しでもするように、どこかにはぐれてしまった希望を探しに行ったほうがいいはずです。ここではもし見つけて連れ帰ってくることができれば儲けものとでも思って、探しものをしてみようと思います。

以下、わたしが希望とか夢、あるいは幸せというものについて考えさせられるきっかけになった最近の経験を二つ、まず書かせていただいたうえで、その宝探しをしてみようと思います。

一 「人間、夢があるようじゃ、もうおわりだね」――現代の「夢」と「希望」の虚ろさ

一つ目の話は、あるテレビ番組のなかでのことです。それは「夢」というものについての話でしたが、わたしのなかではそれは希望という話につながっているように思えました。

最近はテレビ番組のなかのやりとりが後からニュース記事などで紹介されることがあります。あるタレントさんが司会をして随分長くつづいて、二〇一四年に終了した昼の帯番組がありましたが、そのタレントさんが同じ年から一年ぐらい出演していた、深夜枠の別の番組がありました。そのタレントさんがお酒を飲みながら――飲んでいるという設定だけなのかもしれませんが――、言いたいことだけを好き勝手に言い放ってもらうという番組でした。テレビの昼の帯番組というのは、だれがどんなことをしながら見ても、気楽に、そしていい意味でたあいなく笑えるように、社会の世相や雰囲気を少しずつひろいあげて演出されるもののようで、深夜枠の番組でのそのタレントさんのおしゃべりには、世相のなかに隠れてい

る奇妙だったり、矛盾していたりすることを見ぬくような知恵が、酔っ払った口調のなかにも響いてくるように感じました。

ある夜、その番組のゲストは、若いタレントさんでした。内気なところと、無邪気で奔放なところがまざったような、どうにもにくめない感じの人でした。お酒の上での、という設定の番組でしたので、もともとはっきりとした筋も何もないことが多かったのですが、その日も何の脈絡もなしに話題は「ジャズな人」になっていました。その大御所のタレントさんは自分より若いそのゲストをつかまえて、しきりに「君ってジャズだねえ」とくだを巻いていました。彼いわく、向上心というものに取りつかれて、いつも将来の自分に目をむけて、何かを計画して生きているような人は、決して「ジャズな人」じゃないし、そうもなれない。そんなやつはつまらない人間だ。そこへゆくと君はジャズだ、云々。

わかったようなわからないような話で、その若いゲストも、喜んでいいやら、くさっていいやらわからない風情でした。わたしはジャズという音楽のジャンルの即興性のことを言っていると推量しながら聞いていましたが、そんなとき年長の方の口から出た言葉があります。

「人間、夢があるようじゃ、もうおわりだね」。

テレビのなかのくだけた対話のことですから、言い方は違っていたかもしれませんが、そのメッセージはわたしの印象にのこりました。わたしには何か言い当てている言葉のように響きました。

わたしは若者たちとのつき合いのなかで――若者はいつも変わってゆくものですけれど――、いつかの時点から、彼らの社会意識が世代として大きく変化していっているのを感じていました。わたしは六〇年代の生まれですが、わたしが学生だったころには――個々の大学の状況にもよりますが――まだ学生運動も活発でした。学生でしたので、娯楽にも励みましたが、その本分は勉強であれ、運動であれ、何か未来に向かう真摯な姿勢のなかにあるものだと、皆理解していたように思います。モラトリアム（一時猶予）という言葉を、すでに社会に出ている人たちの前で使うのには、何か後ろめたさを感じたものでした。それがある時点から未来とか将来とかいう言葉のうちにわたしたちが感じていたものはもう理解してもらえない、そんな気がするようになっていたと言ってもいいと思います。それはどうしてでしょうか。世相の変化と若者たちの実際の生活、この二つの面から考えてみます。

一方には、競争社会のなかで打算的な考え方が拡がり、頑張るという言葉が力をなくしたことがあると思います。「競争社会」という言葉は七〇年代以後、受験産業の隆盛のなかに用いられるようになりましたが、そこにはその競争がまだ「頑張って」もいいものだという含意がありました。しかし競争という思想が社会に浸透するにしたがい、できれば避けられるべきものというより、合理的かつ正当なものだという追認がなされ、またそれが子どもたちの文化をも徐々に浸食していきました。子どもたちにとって娯楽であったはずのマンガやテレビにも、受験競争に勝ちのこるための技術や、それを使いこなすための利己的な処世術といったテーマが取り入れられるようになっていました。プロセスよりも結果を念頭において、計算づくで生きてゆくことはいつのまにか、賢い生き方というお墨付きを得たようでした。そうすると未来に向かう一つの態度でもあった「頑張る」という考えは、生活してゆくうえでの要領やテクニックのまえでどこか色あせて見えてもおかしくはなかったわけです。

またバブル後の経済が、社会と個人の状況はいつか好転するという観測をどんどん難しいものにしてくるなかで「努力はかならず報われる」というフレーズは次第にリアリティを失っていったように思います。報酬が遅延されても増加しないとすれば、誰もそれを待ちたいとは思わないでしょう。自由な競争が認められる社会は、皮肉なことに、そこに住む人間に努力よりもむしろ諦めを求めているようにも見えます。そこでは未来に向かうという態度そのものが、もう理解されにくくなってくるかもしれません。将来に向けて頑張ることと、その日その日を充実して生きることとが、子どもたちのこころのなかで調和しにくいものになってきているのではないかと、わたしはいぶかしく思っていました。

他方で、それと反対のように見えつつ、そこに重なるような懸念もありました。競争が刺激されれば、そこに将来に向けての不安や緊張とともに、将来のことを思い悩むこころの動きが子どもたちのなかに、たとえ消極的な現れにおいてであっても、出てきそうなものですが、それも見えてきていないように感じていました。

携帯電話などをつかったＳＭＳや携帯ゲームは、子どもたちの生活のなかの時間の隙間を埋めてゆきました。例えば道を一人で歩くとき、電車の車内、あるいは一つの日課から別の日課に移る合間などに、何気なく、その日のことを思い出したり、明日したいことを思い浮かべたりしていた時間です。目先のことが、それより少しだけ遠い視点から見直されたり、感じ直されたりしていた時間です。大げさに言えば日々の出来事が、人生の流れという茫洋とした展望のなかに配置され直すのに必要な時間でした。そうした時間が次第に彼らの日常から締め出されていったように思います。いつでも手に取ることのできる情報・娯楽機器はまた、ただそうした隙間の充填以上に、ゲームのなかでの、さほどの思考を要しないでも得られる一時的な刺激によって、単純ではあっても何かの興奮をあたえ、何の頑張りや努力もなしに、こころを娯楽で満たしてくれるようになっていました。また（とくに多人数での）ＳＭＳのコミュニケーションは、子どもたちを孤独を感じる時間からは救い出しながらも、本意はなかなか読みとれも、伝えられもしないコミュニケーションのなかに子どもの感受性を馴致させてきていたように思っていました。

将来を思い描くことは計算をすることに変わり、またそれ以外の仕方で将来を思う場は生活の中から締め出され、また不要のものになっていったと言ったらよいでしょうか。

子どもたちには失礼な、またおじさんらしい見方になるとは思いますが、わたしには彼らが、うす明かりのなかの、つめたくはないが、なまぬるい霧につつまれて、あいまいな刹那の感覚だけをたよりにしながら、将来という遠いところにこころを向けることに関心をもつこともない、とでもいうような不思議な心象風景のなかで過ごしているように感じることがありました。

もし夢や希望が、競争社会のなかで――馬にとっての人参のように――人を走らせるためだけの道具のようなものとしてしか意味をもてなくなっているとすれば、夢に向かって頑張るという生き方は、その将来の達成のために、今の自分を手段として使う生き方だということになります。そうすれば、そのタレントさんの（夢を追いかける人にとって）「夢が達成されるまでの期間は、まったく意味のないつまらない世界になる」という言葉はまったく真実だということになるのでしょう。

もしわたしたちが希望だと考えているものが、今と将来をつなぐはずのものだとすれば、たしかに現代の社会に住む若者たちのなかで、希望は居場所をなくしているのかもしれない。そんな風に感じていて、その番組の中での対話がわたしの印象に残ったのでしょう。

二 「希望のない幸せ」——希望を捨てて幸福になった若者たち

もう一つ、希望ということについて考えさせられたものに、社会意識調査をもとに二〇一〇年以後に発表されたその分析と、主に社会学の先生方による批評があります。

「失われた一〇年」という言葉があります。一九九〇年から翌年にかけての株価の暴落は、すぐに一部投資家だけに限られない動揺とショックを与えましたが、それがその後二、三年かけて、地価やその他の経済指標をおしさげ、会社の経営計画を長期的に転換させ、採用数の絞り込みにまで波及してゆきました。それにつづく失業率の着実な上昇や、雇用・就業形態の流動化の影響は、ただ経済的なものを超えた社会構造の変化として、ゆっくりとしかし深くまで社会意識のなかに浸透してゆきました。それは一〇年では終わらず、その言葉が「二〇年」あるいは「二五年」と言い換えられるまで続きました。

わたしはこの社会意識の変化を——はじめに拒絶と抵抗があり、ついで模索や妥協が生じ、徐々に抑うつと諦念が形成されてゆくという——、死の心理学的受容の経過にも似て、押しよせる社会歴史的状況のなかで社会意識が、徐々にしかし着実に飼いならされてゆく経過のように感じていました。

それはすぐに一般化できるような見方ではなかったかもしれませんが、わたしはこの変化を、少なくとも「その二〇年、二五年のあいだに人々はしだいに幸福になり、自分の生活に満足するようになってゆく」などと言いだす人はいないだろうと思って見ていました。ところが、その社会意識調査はまさに「人々はどんどん自分の生活に満足するようになり、ますます生きがいを感じるようになってきていた」と報告していました。

「日本人の意識構造」（ＮＨＫ）は政治と社会、地域と家族、仕事と余暇などひろい視野をとり扱っていますが、一九七三年以後、五年ごとに定期的に実施され、しかもその質問をほぼ変えずに繰り返している点で、世相の変化を長期的に眺めるうえで参考になるものと考えられています。そのなかに「生活全体に満足しているか」という問いがあります。「満足」というのはあまりはっきりとしない評価ですが、よりはっきりと「あなたはいま幸せですか」とか「いま幸福を感じていますか」という問いは、その調査の性質にあわないということならば仕方のないところです。またそこにはその「満足」の内容として物心両面の満足を問う、「衣食住の豊かさを感じているか」、「生活環境が安心できるか」、「生きがいやこころのハリを感じているか」、「人間関係が満たされているか」という四つの種類の質問が加えられています。

奇妙なこととして指摘されるようになったのは、二〇〇八年の調査結果をもとにした二〇一〇年の報告書でした。七三年の調査では、自分の生活について端的に「満足してい割合は――調査報告はそれを「生活全体の満足感」と呼んでいます――、〇八年の調査で三割弱（二八％）でしたが、それは、その間の社会経済的変化とはほぼ無関係に、着実に少しずつ上昇しつづけていました。さらにこれに「どちらかと言えば満足している」と答えた人を加えた割合は――調査報告はそれを「生活全体の満足感」と呼んでいます――、七三年で八割弱（七八％）でしたが、七八年調査で八割半（八五％）にまで上がると、それ以後若干の増減を示しながらも、やはり経済指標の変化の影響をほぼこうむることなく推移し、二〇一〇年の九割弱（八七％）という数字に至っていました（二〇一三年調査では「満足」が三四％、「やや満足」と加えて九一％）。識者の一人はそれを「われわれの直感に反する意外なもの」（大澤）と評しました。

しかしそれ以上にわたしにとって奇妙に思えたのは、その幸福度をおし上げていたのが若者たちであったことです。六〇歳以上の世代では――大まかなとらえかたになりますが――、調査がはじめられた七三年と〇八年では、生活全体について「満足している」と答えた人の割合は軒並み下がっていたのに対して、若年世代での同じ割合は、二五～二九歳で六割増、二〇～二四歳で八割増となり、一六～一九歳では二倍を超える人が、端的に「満足している」と答えるようになっていました。[*][**]

＊　男女単純平均では六〇～六四歳で三二％→二四％、六五～六九歳で三七％→二四％、七〇

〜七四歳で四六%↓三七%、七五歳以上で五二%↓三九%
＊＊ 二五〜二九歳で一四↓二三%、二〇〜二四歳で一三%↓二四%、一六〜一九歳で一六%↓三七%。

一番若い世代には、まだ就職する時期にいたっていない人も多いのでしょうから、難しい経済状況下でも別の何かの理由で、幸福度が上がることがあってもおかしくはないとも言えます。しかしこの数字は、経済動向の変化の真っ只中に放り込まれていたはずの二〇代の若者たちが口をそろえて「わたしたちは生活全体についてますます満足するようになってきています」と言っていたと語っているのです。それはたしかに不思議か、あるいは奇妙なことに思えます。

ある人たちはこれを、ゆとり世代のこころの持ちようの変化で説明しようとしていました。衣食住にはある程度は気をつかい、手みじかな娯楽には関心があっても、それ以上のことをもとめない若者たちは、お酒も飲まず、クルマや家などの大きな買いものをすることも考えず、手近なもので満足することを覚えたのではないかということです。何かを探し、何かを求めてゆくよりも、与えられているものやすぐに手に入るものを楽しみ、消費し、充足する生活態度の定着だというのです。

しかしわたしにはその説明にどこか納得がいきませんでした。そう議論する識者の方々も、それぞれ別の調査に基づいてではありましたが、九〇年代以後、中学生や高校生で「今の日本はよい社会だとは思わない」と考えている人の割合が激増していたこと、[*]さらにただ社会のこととしてではなく、自身のこころの体験として「日頃の生活の中で、悩みや不安を感じている」と答える人たちの割合が一九九〇年代以後ほぼ年々増加しつづけていたこと[**]を認めていました。

＊「NHK中学生・高校生の生活と意識調査」での一九九二年から二〇〇二年への変化は、中学生で四七％→七五％、高校生で五四％→七四％。

＊＊「国民生活に関する世論調査」（内閣府）では「不安や悩みを感じている」人の割合は九一年の四七％から〇八年の七一％にまで上昇し、以後昇降しつつ一四年で六七％。

この識者たちはそれを、ただ手みじかなものに満足するという習慣の蓄積が、将来のありうる（場合によっては否定的な）出来事と切り離して、今、実際にあるものに満足していられる心理的態度――ある識者の方々はそれを「コンサマトリー」な生活態度と考えているように見えます――を形成したのだと理解しようとしていたようです。

わたしの不納得の原因はそこで「人は将来への『希望』をなくした時、『幸せ』になることができる」（古市）と言われるときの「幸せ」が何なのかわからなかったことです。たしかにそう言うことで、生活に対する、今の若者たちのとらえどころのない満足の仕方を、ある形で切りぬき、彼らに寄り添おうとすることはできますが、そこにはやはり意図的に見過ごされているものがあるように思えたのです。

今、満足しているので先を不安がることが無用になっているのか、先が見えないので、今の満足にだけ意識を向けるよう強いられているのかは、決してそうした調査からはわからないことですが、後者のような心理的経過が意識化される場合には、それを本当にその瞬間に「尽きる」ことができるような、幸福の受容態度であるとは言えないと思うわけです。もしそうなら希望は、若者たちに不要のものになったのではなく、彼らがそれを探しても見つけられなくなっているということになります。

以下、わたしもできるだけこの若者たちの視点に立って、希望がどこにはぐれてしまっているのか探してみようと思います。

三　迷いのなかの希望――希望、緊張、時間

この社会のなかで希望は、いらないもの、忌避されるものになっていて、今を大切に生き

ようとする人たちにとっては、こころの関心を今という大事な瞬間からそらしてしまう誤魔化しのようなものと考えられているふしがあります。

たしかに希望にはあやうい部分があります。現実主義者と言われるような、実際に生じるできごとだけを大事にしたいと考える人たちは、希望というものを夢、まぼろし、ただの願望といったものといっしょに忌避してきました。それは「あるの、ないの」、「できるの、できないの」と聞かれているかぎりでは、だれも「ある」とか「できる」と返事できない事柄については、一度「かもしれない」という言葉が付くだけで、どんなものでも「あるかもしれない」、「できるかもしれない」ものになるからです。それでいつでも希望というものが話になるところでは「ただの楽観的観測や、願望の怠惰な投影をすてて、現実を見据えなければいけない」と言った類のもの言いがされることになります。そのように見たい人たちにとって希望は、現実と願いの境界を低く見せるだけで、「裏切る」ものですし、結局、嘘と同じものになるのでしょう。

そこにこそ希望の力があるとも言えます。希望は、「あるかもしれない」将来のことを――時間のながれを逆転させて――今のなかに呼び入れてきて、今を「あるかもしれない」できごとの光のなかに浮かびあがらせ、かがやかせてくれます。「希望という腕木」には、まるで梃子の原理のように、どんなに難しいできごとも易々と持ち上げてしまう力があります。でもそう言うとすればやはり、希望はわたしたちにまぼろしを見せる双眼鏡のようなものなのでしょうか。

希望の迷いのもとは、わたしには、人がそれをまるでよくある心理学的な操作の一つのように、自分で好きなようにつかえる便利な道具でもあるかのように考えてしまうことで、こころに、もともとの意味での希望の居場所をなくさせてしまっていることのように思えます。以下、いったいどこからその思い違いが来るのか考えてみましょう。

現代人が忘れがちなことの一つは、まだ来ていない将来のことについて、「かならずそうなる」と言えることは一つもないということです。社会が豊かになり、法制度やルールが整えられてくるなかで、「明日」や「将来」は少しずつ「計画」されるようになってきました。それは将来を今、頭のなかで考えていることにしたがって作り出し、組み立てることです。そうすることで人は将来を準備し、飛びこんでくる色々なことに左右されずに、期待していたままのものを履行させ、手にすることができるようになります。少しずつ、社会は定まりきらないものを締め出してゆき、そこに住む人たちの不安や悩みも生活の中から締め出してゆきました。でもそこに一つの病気が入りこむ隙間があります。

期待と計画にしたがって生きるという考え方に過度に慣れてゆけば、その計画が別の仕方で実現されることは考えにくくなっていきます。鉄道が規則的に運行されているおかげで、ラッシュ時には、たとえば三分の遅延で駅員はお詫びをアナウンスし、一〇分の遅延で乗客の多くが――口には出さずとも――苛立ちを感じるという現象も生じます。しかしその社会はどこか病的であると言ってはいけないでしょうか。その計画が、またまったく中断されてしまうこともあるはずです。人は自分のいのちが、「野に咲く花」や「空とぶ鳥」に例えられたほどにはかないものであることを、つい忘れてしまっているようです。

希望は、将来に来るだろうことを、今の自分の考えで形づくることよりも、期待してはいても、まだ見ぬものが実際に到来してくれるまでそれを信頼して待つことのうちにあるとすれば、そこには現在から未来へと緩やかにはりわたされる緊張があるはずです。「あるか、ないか」という二分法的な考え方のなかに「そうなるかもしれない」という見方を与えてくれるのが希望だとすれば、そのとき信頼に裏打ちされているはずの希望のもつ曖昧さを嫌って、何かの期待の実現を希望に約束させようとすれば、それは希望に嘘をつかせることになるでしょう。欲求と不満、計画と計算がせめぎあうところには、希望の住む場所はありません。

「希望がそんなものなら、希望にかけた時間は無駄になるかもしれない」と言う人があるかもしれませんし、それがいつも実利の確定をもとめる現代人の心根かもしれません。

希望は信頼に支えられてはじめて活動することができます。そして希望が信頼をとおして待つものは、まだ決まっていない将来の手にゆだねられたままであることに変わりがありません。希望はそのあいだに立って、ある緊張を帯びているはずです。でもそれは人をいらだたせる緊張ではなく――例えばちょうど良く張られた弓が、心地よい音色を響かせるように――、人のこころに活き活きとしたハリを与えてくれるはずです。

希望が時間の広がりのなかに緊張をはる仕方は、音楽に喩えられることがあります。音楽が人のこころを満たす仕方は特別で、人のこころを、その瞬間のなかに立ち止まらせることなく、またそこをはなれて未来を先どらせることなく、さらに今を忘れるほどに過去へとふり返らせることもなく、ただ美しい長さに節目づけられた時間のなかへと、こころを浸させてくれます。楽曲はその初めから終わりまでを、記憶と期待の助けを借りながら、時間という緊張のひろがりにつないで、一つの連なりにします。そうしてこそわたしたちのこころに時間が実感をもって与えられるとすれば、そこではわたしたちが時間を持つと言うよりも、わたしたちは時間と出会うと言ったほうがよいような気もします。

時間を「有効に活用」しようとするこころには――『モモ』という女の子のお話のなかで、ねずみ色の服を着た男たちのセールス・トークのなかにきれいに描かれていることですが――落とし穴があるものです。人には結局、時間しか与えられていないのですから、時間はたしかに貴重なものです。しかしだからといって、それを「有効に」活用しようとすると、時間は、生きられるものであることを止めて、他の目的のために消費されるものに変わってしまいます。時間に吝嗇な人からは、今ある時間さえ取り上げられるというのは皮肉な真実でしょう。

もし信頼して待つ人に希望があり、そのときにわたしたちは時間を自分のものとして生きることができるとすれば、「希望にかけた時間は無駄になるかもしれない」という人に対しては、逆に「希望がわたしたちに時間をあたえてくれる」と言い返すことができるのではないかと思います。

四　信仰、信頼、希望

希望はどうやら、現代のわたしたちにも不要なものではないにしても、それでもどこか、か弱い部分があるようです。先ほど、希望の腕木はちから強いと書きましたが、このように見てくると、そうでもなく、希望は丁寧に育てて、いつも気を配っていてあげなければ居場所を失ってしまいかねないもののようです。以下、最後に希望が希望として人を支えてくれる仕方を、そのもっとも典型的なものである宗教的希望に範をとりながら確認しようと思います。

希望はたしかに弱いもので、それを支えてくれる信頼なしには、現在の願望の将来への投影という、ただむなしい心理的活動に姿を変えてしまいます。また自分のなかで、本当に良いものだと思えないものをその腕木に載せれば、やはり希望は、こころをかき乱す底暗い欲望と見分けのつかないものに変貌してしまうでしょう。だとすれば希望の腕木には、本当に実現すると信じられないものを載せてはいけないことになるでしょう。

でも希望はそもそも、そこに何を託してもいいようなものだったのでしょうか。もともと希望には不思議なところがあります。まだ来ていないものを今、信頼して待つことが希望だとして、その「来ていないもの」が容易に期待できるものなら何も希望する必要もありませんから、そこで待たれているものは一方では、普通にはなかなか期待しにくいもののはずです。でも他方で、もしそれが実現することを信頼して待つことができるのでなければ、希望がそれを嘘偽りなしに先取りして、今を生かす力になってくれることはないのですから、それはははじめから無理なことのようにも聞こえます。

たしかに希望というものが、人がただ現状に即して、将来なるであろうことを見積もるということならば、あるいはそれがただ事柄としての「何か」に向かうものであるなら、それは無理なことでしょう。でもそこに思い違いがあります。希望は、「何か」ではなく「誰か」を信頼する人のこころに住むものだからです。

希望を宿す人のこころのなかで、その誰かは、自分の側からはできないことを支えてくれる誰かなのですから、多分、自分の呼びかけに応えてくれる誰かであり、差しのべられた手を躊躇なくつかみ返し、引き上げ、こちらから委ねるすべてを抱きとめてくれる誰かであり、そしてそのすべてを自分の喜びとしてくれることを疑いえないほどの信頼でむすばれている誰かであるはずです。

わたしは希望がすべて宗教的なものだと言うつもりはありません。何も難しい話ではなく、愛情と信頼にむすばれた関係に支えられている人に希望はいつも近くにあるはずです。しかし本当に人間の側からは期待できないことを、人がそれでも信頼して待つことができるとすれば、その希望はやはりどこかで神に向けられているはずです。

ところで神に希望を置くことは、ある人たちが考えるように、難しいこと、はかなく空しいことなのでしょうか。もし誰かが、人から何の理由もないのにたくさんの恩恵を受けて、それでも何かしらの、人の善意というものを感じられないとするなら、たしかにそういうこともあるでしょう。人間は自分からの何の理由もなく、命と時間、仲間と伴侶、大地と空、また笑いや涙、そして場合によっては人を愛するこころも授かりながら、それでもそこに――その与え主を目に見ることはできませんが――、何の善意や不思議さも感じることができないとすれば、そうなるでしょう。

しかしわたしには、そんな無理な芸当をするよりも、人のなかに希望は住んでいて、人のこころを生かしくれていて、そこにはわたしたちには見えない方への信頼がその土台を作っていてくれると、言い訳なしに認めてしまうほうが、よほど合理的な気がします。ですからパウロの手紙の次の一句は、わたしにはとても素直にひびきます。

見えるものに対する希望は希望ではありません。
現に見ているものをだれがなお望むでしょうか。
わたしたちは、このような希望によって救われているのです。（ローマ八・二四）

希望はわたしたちを欺くことがありません。（ローマ五・五）

出典など（本文中での参照・参考順）
ヘシオドス『仕事と日』、松平千秋訳、岩波書店、一九八六
「ヨルタモリ」、フジテレビ、二〇一五年五月一〇日、出演：タモリほか、ゲスト：草なぎ剛

キューブラー・ロス著、鈴木晶訳『死ぬ瞬間』、中央公論新社、二〇〇一
豊泉周治『若者のための社会学　希望の足場をかける』、はるか書房、二〇一〇
大澤真幸「幸福だと答える若者たちの時代」、『Ａｔプラス　思想と活動』、二〇一一（二）
古市憲寿著『絶望の国の幸福な若者たち』、講談社、二〇一一。ここでは主題との関係上、古市氏の指摘した、同世代の「仲間」たちとのつながり、あるいは資産を前提にした「家族」からの支援という論点は取り上げなかった。大澤氏が若者の幸福感についての「コンサマトリー」理解に懐疑的であるのに対し、古市氏は比較的に肯定的なようである。
イマヌエル・カント著、金森誠也訳『視霊者の夢』、講談社、二〇一三
アウグスティヌス著、泉治典、原正幸訳「音楽論」、『初期哲学論集3』、教文館、一九七九
ミヒャエル・エンデ著、大島かおり訳『モモ』、岩波書店、二〇〇五
『新共同訳　聖書』日本聖書協会、一九八九。引用箇所ではNestle-Aland（第二六版）を参照し一部改変した。

「頼もしき心」、キリシタン時代の希望

レンゾ・デ・ルカ

現代日本でのキリスト教用語として「信・望・愛」が定着してきましたが、キリシタン時代にはその三つの概念の訳にはさまざまな変化がありました。「信仰」はヒイデスというラテン語をそのまま用い、「愛」は「御大切」という言葉で訳されていました。「希望」はほとんどの場合「頼母敷心」と訳していました。この記事を書くに当たって調べ始めたときに「キリシタン版」に「希望」という言葉が現れないことに戸惑いを感じました。キリスト教の教えに欠かせないこの大事な概念が必ず使われたはずだと思っていたからです。そこで、コンテキストから探し、信仰と愛が述べられている箇所を重ねてみると「頼母敷心」という言葉が目立ってきました。最初は、大事な概念にしては平たい表現を使うはずと思っていましたが、調べを重ねれば重ねるほど、キリシタン版においては「頼母敷心」が重要な言葉

だったことが確認できました。以下にこの言葉とそれを表す概念について幾つかの例を紹介します（わかりやすくするために原文に多少の修正を加えます）。

初期段階、修正しながら翻訳された「希望」

出版物として日本の宣教に大きな影響を与えた「キリシタン版」が準備されていた頃、「バレト写本」（一五九一）が出回っていました。その一部、「聖霊御降臨後第二十三の主日マタイ聖福音書第九章〔18・26〕」に、次の箇所があります。

奉ればゼズスかへり見給ひかの女人を御覧あっていかに娘頼母敷く思はれよ受けられたるヒイデスによって助けられけるぞと宜へばその時より快気を得らるるなり。（『キリシタン研究』第七輯、吉川弘文館、一九六二、五七頁）

現代の新共同訳で「娘よ、元気になりなさい。あなたの信仰があなたを救った」（マタ9・18）と訳される箇所に、異なった重みを持たせていたことになります。同じ「バレト写本」の「われらが主ゼズ・キリシトの御受難」に、さる程にヒョゼフアハリマチヤ〔アリマテアのヨセフ〕とて位高き善人あり、これジュスト〔正しい人〕なるが故にジュデウの謀叛に与せられず天の国を願ひて頼母敷く思ふ人なり。(同上、八六頁)

とあり、現代の「希望」と訳される言葉に近づいています。このような訳の妥当性を見るために当時ヨーロッパで使われていた本を参考にしてみましょう。

スペインで出版されたドミニコ会士ルイス・デ・グラナダの"Guia de Pecadores"は現代に至るまでヨーロッパで衰えない人気を持ち続けています。そのスペイン語版を基にして一五九九年に「キリシタン版」として出された『ぎやどぺかどる』に、「頼母敷」は定着していたように思える用い方をしています。参考になる二箇所を挙げます。

終に、パライソ〔天国〕に至る功徳となし給よ者也。又、此位に至るをもて、我等如何なる望みを申共、御主叶へ給ふべしと頼母敷存する者也。

善大のオラショはデウス・パテレにわが為に乞ひ申さるゝといへ共、即、御子の御為と観じ申さるゝをもて頼もしき心深く重なる者也。(尾原悟編『ぎやどぺかどる』教文館、二〇〇一、五八頁)

「バレト写本」と『ぎやどぺかどる』の二冊の比較によって八年の時を経て意味合いに変化があったことがわかります。より専門的な、キリスト教用語としての発展が見えてきます。

「希望」が定義される

特別な意味、つまり「神徳」に該当する言葉として「頼母敷心」が用いられましたが、「望み」という言葉も当時用いられていました。一六〇四年に出版された『日葡辞書』に出る関連箇所をみましょう。

Jenmô. ゼンマゥ（善望）Ienno nozomi（善の望み）良い願望、または、善に対する願い。

Jinmô ジンマゥ（人望）Fitono nozomi.（人の望み）人々の願望。文書語。

Nozomi. ノゾミ（望み）願望。例、Nozommo tassuru togimi.（望みを達する、または、遂ぐる）願望を遂げる。Nozomiuo vocosu. nozomini zonzuru.（望みを起す、または、望みに存ずる）

Tanomoxŭ vomô　〈頼もしう思ふ〉期待をかけ、信頼の念を抱く。

Tanomoxiquo vxinõ　〈頼もしきを失ふ〉望みを失い落胆する、または、信頼の念をなくする。

これらの例を見れば、当時の「望み」という言葉は神徳として用いられにくいことがわかります。つまり、キリシタン時代に「望み」と「頼母敷心」は無関係ではないにしても、異なったものを表し、使い分けていました。

頼もしき心と秘跡

キリシタン時代の「ミサ典礼書」に当たる『サカラメンタ提要』（一六〇五）に神徳の希望と区別して「望み」を用いられています。

かるがゆえに、ただ今各々方に如何ほどの重荷を背負うやとに言える儀の思案せよ。これによって、この掟大事の儀なれば、望みなきを曲げて授からず、ただ自由の上より心なまに定べし。もし今のマチリモニオ〔婚姻の秘跡〕の望みなきと思うなれば、今こ

こに速やかにやむべし。（『キリシタン研究』第一輯、東洋堂、一九四二、四二頁）

引用箇所に秘跡に必要とされる本人の意志を確認する意味で使われています。大事なことは言え、現代の「希望」と異なった意味で用いられていることがわかります。他の秘跡に関しても似た説明があります。

赦しの秘跡と関係が深い「コンチリサン」つまり、痛悔について、印刷されたり、手書きで写されたりした書物の中に細かい項目がありました。その一部を紹介しましょう。

第四の心得といふは、……其御血の御功徳にて、汝の罪を滅し給ふべきに、何の御雑作入給ふべきや。此儀を深頼母敷可奉存也。（尾原悟編『きりしたんの殉教と潜伏』二〇〇六、教文館、一六四頁）

……コンチリサンをいたすにおいては、科を許し給ひてアニマを助け給わんと、深く頼母敷思ふべし。されば、此頼母敷思ふ心は、平生も肝要なりといへども、取別最期に臨みて専要なり。其故は、天狗の謀りは、存命の間天主の御慈悲を、信じに頼せて科を勧めし如く、一息裁断の闘は、深く見せつる御慈悲をいかにも浅く思はせて、頼母敷心

を失わせんとするもの也。（同上、一七二頁）

この二箇所を見れば、頼もしき心はキリスト教の教えに欠かせない大事な部分として教えられ、後世に伝わったことがわかります。明治時代に入ってから浦上の信者たちから没収された書物の中にも、この「コンチリサンの略」が含まれていたことも参考になります。

祈りと頼もしき心

大事であるからこそ、頼もしき心が祈りの一部であったり、それを願う祈りの内容になったりしました。ロヨラの聖イグナチオが著した『霊操』の意訳であった『スピリツアル修業』（一六〇七）に、イエスの受難を黙想する箇所、「御 Passio の観念」という項目に、

定めし観念の題目を工夫致し、Scriptura〔聖書〕に見ゆる如く、もの言はず、頼もしき心を持って御主より与へんと思し召さるる Graca〔恵み〕を待ちたてまつるべきものなり。（林田明著『スピリツアル修業の研究』風間書房、一九七五、四八五頁）

とあり、頼もしき心が恵みとして与えられる、また祈りを通して養われる「徳」として扱われます。トマス・ア・ケンピスの『キリストにならいて』の意訳である『コンテムツス・ムンジ』（一五九六）の二箇所を紹介します。

我が身を頼まず、只デウスに頼みをかけ奉るべし。（姉崎正治『切支丹宗教文学』国書刊行会、一九七六、七二頁）

何たる御作の物よりも喜びを受けまじきと思ふことは、潔き心と内証に深き頼もしき心ある証拠なり。（同上、一〇八頁）

これらの箇所を読めば、当時のキリシタンたちが必ず学び、頻繁に祈りで誦えるものとして親しまれたことがわかります。

教皇様への手紙

多くの殉教者を出したキリシタン時代の迫害の最中、一六二一年一二月九日付のローマ教皇宛、中国・四国キリシタンの奉答書の中にも、現代の「希望」に当たる内容が以下の形で示されています。

……信仰の敵に攻められるこの時こそ牧者の声を聞いた羊たちが喜び、牧者を通して与えられる恵みを深く信じ、頼もしき心が完全に出来上がります。……（『芸備キリシタン』五二号より筆者の意訳）

迫害中の教会が教皇との一致を意識しながら祈りで支えられていることを表す箇所であり、ローマに保管されていたお陰で、彼らのその心を今も知ることができます。

潜伏キリシタンが守った頼もしき心

外部からの指導者なしに密かに伝わった信仰は、表現こそ変化したものの、その内容が驚くほど正確に伝わったとしか言いようがありません。ここでも、大事な概念として頼もしき心が残り、その祈りが現代に至るまで伝わってきました。長崎県の若松町では、「頼母子キノヲラシヨ」が誦えられ、その内容は以下の通りです。

如何に御身天主よ、御約束の通り、御助にてまします、セズス・キリシトの御功力を以て、この世においては、御ガラサを悪人なる我に与え給いて申し、御身は御掟を守り奉れば、あの世においてはパライソの御快楽をかぶらせ給はると、深くと、頼母子く存じ奉る。アメン。（若松町築地帳役「深浦福右衛門ノート」『長崎県のカクレキリシタン』二四二頁。原文は口語であり、筆者による当て字と平仮名）

口伝として継がれた祈りであるので、誦える人はどこまでその意味を理解したか疑問があるにしても、神の恵みにすがる、その救いの希望を示すことであり、二〇〇年間以上を経てもカトリックの教えから離れてはいないと断言できるでしょう。「サンタマリアの御像はどこ」と訪ねた婦人たちは、まずその信仰の根底にある要理を信じて伝えきったからこそ、危険を覚悟の上であの大胆な姿勢を見せることができたと思います。

「最後の迫害」にも頼もしき心

明治時代、カトリック司祭が日本に戻ってからも「最後の迫害」がありました。浦上の信者たちが流配される、「浦上四番崩れ」が起こります。役人たちの詮索によって没収されたキリシタン史料のなかに、「ひですの祈念経」・「頼母敷之祈念経」・「御大切之祈念経」がありました。それを考えれば、このような書物は神父たちがいなかった長い間、潜伏キリシタンの心の支えになっていたことがわかります。まさに、この頼母敷心を失わなかった信者たちが、神が信仰者に約束した報いを受けたと解釈できましょう。教会の将来に不安が漂うこの時代にこそ先輩たちから受け継いだ頼母敷心を大事にしたいと思います。

おわりに

キリストの福音を伝えることは相手とのコミュニケーションができてこそ可能になり、単なる情報伝達を超えない限り、本来の福音が伝わらないことは現代のわたしたちも体験することです。すると、まずそれを伝える「道具」としての言葉、教材などを整えることから始めるしかありません。日本では、その福音を日本語で伝える難しさ、日本になかった考えを導入するためにどの方法を用いるかなどが大きな課題でありましたし、必ずしも正解があったとは限りません。それでもキリスト教が伝わっただけではなく、多くの殉教者まで出すほど浸透した事実もあります。

キリシタン時代の単語一つを見ても、それを伝えようとする人とそれを理解しようとする人の努力がどれほどあったかと考えさせられます。同時に、その困難を乗り越えた結果を考えれば、当時の共同体としての教会がそのことを通して著しく成長していたと言えるでしょう。

今回、一つの言葉に焦点を当てて考察しましたが、それぞれの分野でも似た動きがあったに違いありません。恐らく、当時「キリスト教とは何か」と定義する前に「現実に伝えることができるキリスト教は何か」といった課題があったと思います。つまり、いくら正確にキリストの教えを把握したとしても、伝えるための限界を体験し、それを乗り越えながら成長していくしかないという結論に至ったような気がします。そうであるとすれば、現代の教会も正解を探すより、少しでも正解に近づくように伝える側とそれを受けいれる側のコミュニケーションを深めて進んでいくことが大事になると思います。先輩たちがすでにその土台を築いて下さっているのですから、彼らから学びながら福音宣教に取り組みたいと思います。

第2部　さまざまな立場から語られる「希望」

雪にみた希望

太瑞　知見

長崎・平成二八年一月二四日

長崎が雪に覆われました。色彩を失った街並みは、まるで水墨画のようです。やわらかな雪は、街の輪郭を曖昧にして、新しい景色を見せています。

平成二八年一月二四日、そしてその翌日までの二日間、長崎では大雪が降り、観測史上最大の積雪を記録しました。

慣れない雪に交通は混乱しました。それでなくても、吹雪の中を外へ出ることが躊躇されます。雪が珍しい土地の人間は、凍りついた道を歩くコツを知りませんから、雪道を歩くのには少し勇気が必要です。滑らないように、慎重に、恐るおそる足を出すのですが、いとも簡単に尻もちをついてしまいます。アイススケートのリンクをスニーカーで歩くようなものです。うまくバランスがとれず、自分でも笑ってしまうほど、たどたどしい歩き方になってしまいます。普段は何気なく行っている二足歩行は、みごとなバランスのうえで成り立っているんだなぁ、なんて苦笑してしまいます。

こんな時は無理をせずに、こたつで丸くなっているのが一番です。幸運なことに、雪が降り始めた日は日曜日でしたから、これ幸いにと、一日中、猫のように背中を丸めていました。やわらかに降り重なる美しい雪景色。暖かい家の中から、ぬくぬくとそれを眺める。なんて幸せなことなのでしょう。いつも何気なく見ている色調がモノトーンに転じるだけで、まるで芸術作品のように貴重で優美なものに見えてきます。

普段とは異質な風景を見ながら、私は修行道場で見た初雪のことを思い出していました。

金沢・平成一〇年　初雪

私は石川県金沢市の禅僧堂で修行を行いました。九州で生まれ育った私にとって、北陸での生活は想像もできないものでした。

まずは夏が足早に過ぎていくのに驚きました。夏の終わりを感じた頃には、すぐに秋の風が吹いてきます。夕暮れ時に帰りを急ぐ子どものように、移りゆく美しい風景に気をとめることもなく、あっという間に冷たい秋風が吹いてきました。夏が終わったばかりなのに、もう合物の着物を出さなくてはいけません。長年にわたり磨かれてきた黒光りする廊下を裸足で歩いていると、すでに秋の冷たさが伝わります。少し歪んだ障子の隙間から入ってくるすきま風が、髪のない坊主頭にしみました。

一一月も後半になると、早くも九州での冬を思わせる寒さがやってきました。着物の袖から入る冷たい風に、全身が震えます。空では明るい太陽が姿をくらまし始め、厚い雲が覆いかぶさる日が多くなってきました。重々しい空の色に抑え込まれて、気持ちまで沈みがちになります。そんな雲合にたまりかねたのか、ある日突然、天に雷が走りました。雷鳴がとどろき、稲光が妖しく光りだしました。

「冬が来たな」

古参和尚《こさんおしょう》（禅道場では先輩僧のことを、そう呼びます）が呟きました。

果たして古参和尚の言葉通り、翌日はあたり一面の雪景色となりました。

初めてみる雪景色。すべての色彩と形状が奪われ、白く柔らかい雪に覆い隠されて、真新しい表情を見せています。音さえも包み込んでしまうのか、無音の静寂な世界が広がっていました。それはまるで、これまで隠していた姿を忍びやかに披露し、はにかみながら微笑んでいるようです。息をのむほど美しく、神々しくさえある眺めでした。

「きれいだなぁ」

私が思わずそう呟くと、古参和尚が、

「すぐに忌々しく思うようになるさ」

と、なんの感情もない声で、静かにそう呟きました。

長崎・平成二八年一月二五日　午前

話を現在に戻します。

長崎に観測史上最大の雪が降り出して二日目。雪は前日よりも勢いを弱まらせたとはいえ、この程度では収まりきれないのか、まだまだ降り続けています。さすがに今日はこたつで丸くなってはいられません。週の始まり、月曜日です。私は禅寺の住職であると同時に、保育園の園長でもあります。雪の日でも保育園を開園しなくてはいけません。近くに住む職員たちと一緒に、子どもたちを迎えました。

慣れない雪に、朝からくたびれた表情のお父さん、お母さん。それとは対照的に、子どもたちは大喜びで登園してきました。

「おはよう！」

子どもたちの元気な声が園舎に響きます。初めての雪に、子どもたちはとても興奮しています。

「すごいね〜！」

「しろいね〜！」

と、目をキラキラと輝かせています。肩に積もった雪を払いのけることもしないで、外の雪を眺めています。ちっちゃな目を大きく見開いて、興味津々。興奮がどんどんふくらんでいるようです。いつもなら登園後すぐに遊びだす玩具に目もくれず、ずっと外の雪を見つめています。寒さなんてどこへやら、園舎全体に子どもたちの熱意が広がり、室温が少し上がってきました。

「おそとであそぼうよ！」

誰かがそう叫ぶと、もうこの熱情は抑えられません。みんなで一緒に園庭に飛び出しました。

ふわふわの雪の上では、滑って転ぶ心配はありません。いや、転んだって構いません。自然のマットが子どもたちを優しく受け止めてくれます。真新しい雪の表面に、ちっちゃな足跡が思い思いの方向に広がっていきます。いつもの遊び場とは異なり、滑り台は滑れないし、三輪車で走ることもできません。それでも子どもたちは、いつもより数倍も楽しそうに遊んでいます。白い息があちらこちらで弾けています。

「ねぇ、ゆきだるまをつくろう！」

子どもたちの素敵なアイデアに、私もすぐに参加しました。

生まれて初めて作る本格的な雪だるま。その材料は目の前に、無尽蔵に広がっています。滑り台に積もった雪をかき上げようとすると、手首まですっぽりと埋まります。軽やかな雪をかき集めて、盛って、固めて、転がして、グングンと大きなかたまりを作っていきます。その度に子どもたちの歓声があがりました。大きな笑い声と一緒に、あちらこちらで白い湯気が上がっています。

子どもの笑顔はどうしてあんなに美しいのでしょうか。無邪気な微笑みを見ていると、こちらの心までが清められるようです。

室町時代の禅僧、一休さんがこのような歌を残しています。

おさな子がしだいしだいに智恵づきて
仏に遠くなるぞ悲しき

まさにその通り！　子どもたちが一番仏さまに近い存在のような気がします。子どもたちの無邪気な笑顔を見ていると、心からそう思えます。

でも落ち着いて考えてみると、私たち大人もかつては子どもだったのです。すました顔をして、大人びた顔つきをしていますが、みんなかつては子どもでした。はな垂れ小僧の時代がありました。目の前のことだけに夢中になって遊ぶ子どもでした。そう、みんな、仏さまに近い存在だったのです。だったら、これからでも遅くはありません。また近くなることができるはずです。無邪気な笑顔と童心を取り戻すことができれば、いつだって仏さまに近い存在に戻れるはずです。少なくとも私はこの時、子どもたちと一緒に、仏さまの近くにいた気がします。

さあ、雪だるま作りも調子が上がってきました。雪の冷たさをものともせず、吐く息の白さがまるで蒸気機関のようです。

「つめたいね～」

「たのしいね～」

子どもたちは目まぐるしく動き回ります。ずっと雪をかき集めていましたから、指先がかじかんで、うまく雪を固められなくなってきました。それでもこの蒸気機関はとどまることを知りません。雪を抱きかかえ、持ち上げ、盛り付け、押し固めます。そしてついには、私の背丈ほどある雪だるまが二つも出来上がりました。

「やったぁ〜！」

真っ赤なほっぺたがさらに紅潮して、笑顔が弾けています。

「おかおはどうする？」

最後に難題が生じました。赤いほっぺの口をすぼめ、眉間にしわを寄せて、みんなで考え込みました。

「そうだ！」

一人の子どもが砂場に駆け出しました。しばらくガサゴソやっていると、カラフルなスコップやカップ、バケツを持って、走って帰って来ました。鼻水をすすりながら、目をキラキラさせています。

大きなスコップは手に。黄色いカップは目に。小さな赤いスコップの柄を鼻にして、最後に青いバケツをかぶせたら、ほら、かわいい雪だるまの完成です。

「うわぁ〜、できたぁ〜！」

子どもたちと飛び上がって喜び合いました。雪だるまも満足そうに笑っています。子どもたちと職員、そして雪だるまたちの笑い声が、大きく響きわたりました。

鉛色の空の下で輝く、真っ赤な頬と、固まった鼻水、弾ける白い息は、純白でカラフルな雪だるまとともに、楽しい大切な思い出となりました。

金沢・雪の中の修行

一方で、私が修行時代に経験した雪は、色彩もなく、冷たくて、痛い思い出ばかりです。古参和尚が言った通り、初雪の白さに土色のシミが混ざり出した頃には、あんなに美しかった雪が苦々しいものに変わっていました。冷たい雪の現実は、見た目の清らかな美しさとはかけ離れた厳しいものでした。とにかく、寒い、冷たい！　暖房設備がない修行道場は、もう、寒くてかなわないのです。心臓から送られた温かい血液が身体の末端に辿り着く頃には、すっかり冷えてしまっています。そしておずおずと、申し訳なさそうにまた心臓へと戻ってきます。私の心臓は大忙しです。どうにかして身体中に温かさを届けなくてはいけません。しかし、送り出せど送り出せど帰ってくるのは冷やされた血液。せっかく温めた体温が無残にも奪われてしまうのです。これじゃあ、律儀で誠実な私の心臓も、ため息しかでません。仕方ないとはいえ、寒い冬を呪いたくもなります。身体を温める術といったら、重ねられるだけ着込むか、体内の熱が逃げないようにじっとしているか、逆に身体を動かすかくらいです。ここには背中を丸めるコタツもありません。

しかしながらよくしたもので、降雪量に比例して、必然的に、除雪という運動が生じました。これが思ったよりも重労働なのです。柔らかそうな雪は、見た目よりもずっと重量があります。羽毛だと思っていたものが、手にしてみると、まるで木綿豆腐。ズシリとした重量感です。その重さのギャップに驚きました。それでも生まれて初めての雪かきは物珍しく、半ば遊び気分で行いました。子どものようにはしゃぎながらスコップを動かしていると、体全体が温かさを取り戻し、じわりと汗ばんできます。

「こら、調子にのるな！」

古参和尚から注意が飛んできました。

「スコップは規則正しく動かすんだ。汗をかかないように、淡々とやれよ」

汗をかくと、寒さでその汗が凍って、全身が冷えてしまい、風邪を引きやすくなるのだそうです。温暖な地方で育った私には想像もできなかった知恵です。なるほどそんなものかと、それからは汗をかかないように、頑張らないように、それでもしっかりと雪をかき上げました。

力の加減をしながら頑張るというのは、なんだか難しいものです。子どもの頃、同じようなことを言われた記憶があります。

私は小学生の頃、ソフトボールが大好きでした。たくさんヒットが打ちたくて、一所懸命に練習をしたものです。それでもなかなかヒットを打てるようになりませんでした。コーチからは、

「肩に力が入りすぎているんだよ。力を抜いてバットを振りぬいてごらん」

そう指導されました。

ですが、力を抜いてバットを振ると、バットは波のようにフラフラとした軌道を描き、情けないスイングになってしまいます。「力を抜いたスイング」という感覚がどうしてもつかめませんでした。力を入れなくてはグリップさえしっかりと握れませんし、ましてや鋭いスイングなんてできやしません。どうやったら力を抜いたスイングができるのだろうと考えながら、ひたすら素振りをしていました。それでも毎日振っているうちに、時々ヒットが打てるようになってきました。

「よし、だいぶん力が抜けてきたな」

コーチから、そう褒めてもらえるようになりました。

でも正直なところ、力を抜くコツがつかめたわけではありません。むしろ打席に入るたび

に、次も打つぞという意気込みが強くなって、体に力が入ります。確かにヒットが打てるようになったのですから、コーチが言う通りに少しは力みが取れてバットが振れるようになっていたのでしょう。しかし、問題の「力を抜いたスイング」ということを会得することはできませんでした。小学生の私には、わからずじまいのままでした。ただ、力いっぱい頑張ることはできるけれど、「力を抜く」というのは、なんだか難しいんだな、という印象が残りました。

雪かきをしながら、私はそんな遠い昔のことを思い起こしていました。そして、相変わらず「力を抜いて頑張る」ということがわからずにいる自分に気がついて、苦笑いしました。

寒い修行生活のなかでは、こんなこともありました。

怖い古参和尚から

「あかぎれを切らすなよ」

と注意されました。

(あかぎれって、「切れる」という述語を使うんだ)

なんて新しい発見をしつつ、

(優しいなぁ。いいとこもあるじゃないか)

と、少しその先輩を見直したところでした。ところが、

「切れると、畳が汚れるからな」

ですって！

そう、先輩が心配していたのは私の体ではなく、畳の方だったのです。どおりで優しい言葉と一緒にメンソレータムのひとつでも出てこないなって、ちょっと不思議に思っていたところでしたよ！


雪が積もっているからといって、湿度が高いわけではありません。冬の空気は乾燥しています。皮膚が乾燥すると、肌の表面にヒビが入ってきます。日照りの時に土地が割れるのと同じ状況です。そして、さらに皮膚から水分や油分が奪われると、ひびはもっと奥深くまで割れてしまい、それが血管にまで達すると、血がにじんできます。これがあかぎれです。これを防ぐための手段として、外的には肌の潤いを保つこと。手袋や靴下を装着したり、保湿剤を塗り込むなどの対処をします。そして内的には、血行を良くし、しっかりと栄養を摂ることが大切です。

薬剤師でもある私は、このような知識がすぐさま頭に浮かぶのですが、ここは修行道場。手袋もなければ、年中裸足です。しかも非常に質素な食事なので、栄養失調の一歩手前と言う状態。こんな環境下で、何の対策を講じることができるでしょうか。知識なんざ、ただの

机上の空論です。これといった手入れもできず、日に日に足裏の皮が硬くなっていくのに焦るばかりでした。

いや、無駄とわかっていても、抵抗することに意味があることだってあります。「絶対にあかぎれは切らさないぞ。絶対に畳を汚してなるものか！」と、強い意思を持ってこの大自然に立ち向かうのです。

親指ほどの小さい軽石を入手して、毎日足の裏をこすりました。それでも人体とは不思議なもので、寒さが増すほどに、足の裏の皮が厚く硬くなっていきます。軽石では間に合いません。しかも、ところどころにヒビが走っています。そろそろ一気にパクリと割れてしまいそうです。臨界点が近そうです。ええい！　と腹を決めて、今度はカッターナイフで削ぎ落とすことにしました。厚く硬くなった部分を削ぎ落とします。職人のような繊細さと集中力が必要です。薄皮を削るように、慎重にカッターナイフを動かします。しかし私は、自分が禅の修行僧であっても、刀捌きの達人ではないことを忘れていました。調子にのって、深く削りすぎてしまったのです。はい、後日、立派にあかぎれが切れてしまいました。

過ちを犯してしまった時に、私たちがとることができる方法はふたつです。素直に謝ることと、全力で逃げること。ですがここでは、前者しか選択肢がないようです。とぼとぼと古参和尚の部屋に向かいました。足の痛みを気にしながら歩いているうちに、これまたふたつの選択肢が頭にうかびました。黙ってお咎めをうけるか、百の言い訳を並び立てるか。人は寒さや恐怖の中で、とんでもない夢を見ることがあります。私の頭の中では、すでに千もの言い訳が並びはじめました。（よし、これで言いくるめられるな）と少し微笑んで、先輩の部屋を軽快にノックしました。

「失礼します」

と襖を開けたとたん、

「なんだその足は！　切らしたな！」

一瞬にしてあかぎれをみやぶられてしまいました。一転して目の前が真っ暗。厳しく叱られることを覚悟して、うつむいたまま立っていました。

「ちょっと待ってろ」

古参和尚は何やらゴソゴソと探し出しました。否が応でも緊張と恐怖心が高まります。直立不動のままに待っていると、

「ほれ、あかぎれにはこれがいいぞ」

手渡されたのは瞬間接着剤。

「これで止血するんだ」

（え～、傷薬ではなく接着剤？）

薬学部でも習ったことのない荒治療にびっくり仰天です。こんなものであかぎれの出血が止まるのでしょうか。からかわれているのではないかと半信半疑でした。でも古参和尚から差し出されたものを拒否することなんてできません。疑わしい眼をしてフタを外し、ゲル状の半透明な接着剤を、恐るおそる足裏の裂け目につけてみました。

（あれ？）

意外なほど簡単。あっさりと傷をふさぎました。しかも、すでに乾いています。もう歩いても大丈夫なようです。さすがは瞬間接着剤！　その名に偽りはなく、瞬時に乾いて、割れた皮膚を接着しました。しかも適度の弾力性があるようで、足に違和感がありません。しみたりもしません。これはすごい！　生活の知恵とでもいいましょうか。修行生活の当意即妙とでも申しましょうか。いずれにせよ助かりました。瞬間接着剤があれば、もう安心。これで畳を汚すことなく、堂々と修行に励むことができます。

雪の怖さを知るのは、ここからが本番です。

禅の修行道場では、定期的に托鉢に出ます。私が身を寄せた道場では、三と八がつく日は托鉢の日でした。つまり、三日、八日、一三日、一八日、二三日、二八日は托鉢に出ます。その際に天候は関係ありません。雨が降ろうと晴れていようと、ただ黙って托鉢に出るのです。

ここで少し托鉢の説明をしましょう。

托鉢は乞食《こつじき》ともいいます。お釈迦さまの時代には、比丘《びく》（bhikkhu：修行僧のこと）たちは自分たちで労働することなく、信者からの施しで生活をしていました。比丘たちの着るものや住居、食べ物も寄付を頼りにしていました。当時の食事は午前中のみ。大きな鉢をもって、近くの家々を回り、食べ物を分けてもらってそれを食していました。または、信者からの接待があり、その家に出向いて食事を頂いていました。お釈迦さまが定められた規則（律《りつ》といいます）により、比丘たちは畑仕事などをして自ら食物を生産することがありませんし、食事も自分たちで作ることができませんから、人々に食を乞うて生活をしていました。つまり、お釈迦さまの時代には、比丘たちの食事は完全に信者からの寄進に頼っていたのです。そして現在でも、スリランカやタイなどの上座部仏教では、この托鉢に基づいた食生活は継承されています。

お釈迦さまの時代から続く托鉢は、東洋の禅のスタイルに姿を変えて、現代の修行道場でも行われています。

私たちが托鉢に行くときには、着物を膝下まで捲り上げて、衣は托鉢用に丈の短いものを着用します。手には手甲《てっこう》、足には脚絆《きゃはん》を巻き、藁草履《わらぞうり》を着用して、頭には修行道場の名が記された笠を被ります。そして首から頭陀袋《ずだぶくろ》を下げ、左手に托鉢用の鉢、右手には鈴を持ちます。この托鉢スタイルで街にくりだすのです。

私ははじめ、托鉢がとても嫌でした。

見も知らぬ家々の前に立ち、お経を唱えて、浄財や野菜などの食物をいただきます。修行とはいえ、物もらいのように思えて、とても恥ずかしかったのです。しかも家を選ぶことはできません。連なる一軒一軒を順番に訪ねていきます。全く無反応の家があれば、温かく迎えてくださる家もあります。怪訝そうな顔をして追い払われたり、おもむろに怒り出す人もいます。街中だと、商店でもお経をあげることになります。ある店では、自分と同じくらいの年齢のカップルが楽しそうに買い物をしていました。その中に、托鉢姿の僧侶がお経を読みながら入ってくるのです。一瞬にして店内の空気が変わるのがわかりました。明らかに場違いです。幸せそうなカップルがいぶかしそうにこちらを見ていました。とある銀行に入ってお経をあげると、慌てて行員さんが出てきて「早く帰ってくれ」と言わんばかりに小銭を押し渡されました。とても恥ずかしくて、惨めな気持ちでした。笠を深く被って、極力顔を晒さないように、世間が見えないようにして歩きました。

坐禅修行とは異なり、托鉢は世の中の人々との関わりが必要です。修行道場を出て、修行の場を広い世間に移しているのに、私は世間との壁を作り、孤立した世界の中で歩いていました。ただ黙々と鈴を鳴らし経を唱えて歩く。恥ずかしさや厭わしさの気持ちでいっぱいになりながら歩いていました。修行とはいえ、世間においては忌み嫌われる行為ではないか。自らが労働して、人に喜んでもらい、そこから得られる収入で生活したほうがよいのではないか。これは乞食（こつじき）というよりも、むしろ乞食（こじき）ではないか。どうしてこんなことをするのか。頭にはさまざまな疑問符をつけたまま、托鉢の行を続けていました。とてもみじめな気持ちでした。

ある日、なぜ托鉢をするのか、古参和尚に尋ねました。

「釈尊の教えだからだ」

と、静かに古参和尚は答えました。しかし、納得していない私の表情に気がついたのか、私がよっぽど切羽詰まった顔つきをしていたからか、こう言葉を続けました。

「托鉢は『我《が》』をなくすための修行だ。自分の『我』を中心に修行をするな」

私はこの言葉にハッとしました。

確かに恥ずかしいと思っているのは私の『我』です。嫌だと思っているのも、納得できる理由が欲しいと思っているのも、私の『我』です。

人はひとりで生きていけないと知っていながらも、私は自分の思い描く世界で生きていたい、と考えていました。そこには自分の『我』が中心になっていて、周りにある多くのことを思い入れていませんでした。

私は古参和尚に、托鉢を通じてこれまで感じてきたこと、恥ずかしい気持ちが先立って托鉢に身が入らないこと、などなど赤裸々に話しました。

古参和尚は、私の言葉を黙って聞いてくださいました。ひとしきり私が話し終えると、静かに力強い声で、こうおっしゃいました。

「オレたちが清らかな修行を行うことで、浄財を施してくださる方々が功徳を積むことになるのだ。いやしくも、恥ずかしいなどといった『我』を、修行の中心にしてはいけない。そんな行には、清らかさがない」。

この言葉は、ずっと私の胸に残っています。

長崎・平成二八年一月二五日午後

また話を現在の長崎に戻します。

雪だるま作りを存分に楽しんだあと、温かいスープが付いた給食をたっぷりと頂き、お腹いっぱいになった子どもたちはお昼寝の時間です。雪と遊び疲れたのか、すぐに寝付きました。とても幸せそうな寝顔です。

そのころ、町内各地で水道管が破裂しているとの情報が入りました。保育園の周辺を調べて回ると、午前中にはなんともなかったですが、高架貯水タンクへつながる水道管から、噴水のように水が飛び出しています。水道のバルブを止めて、応急処置を施しましたが、素人ではどうしようもない状態です。すぐさま業者に連絡しましたが、すでに一〇〇件以上の水道管工事の要請が入っているとのこと。数日中の復旧は絶望的だそうです。しかたなく水道の元栓を閉めました。これで高架タンクの水が枯渇したら、水のない生活になります。水がないと給食も作れませんし、トイレも流せません。まして手洗いもできませんから、衛生的に不安です。翌日からの対策に、あちらこちらと奔走しました（翌日から、湧き水をバケツリレーで運び込み、飲み水は自衛隊の給水車から配給を受けることになろうとは、この時点では想像もしていませんでした）。

さっきまで子どもたちと一緒に遊んで、私たちを楽しませてくれた雪。その雪が、その姿を変えて氷になると、途端に私たちを困らせてしまう存在になりました。雪も氷も水も同じ「H_2O」という単純な分子構造で成り立っているのに、その姿が変わっただけで、私たちにとって喜ばしい存在になったり、困らせる存在になったりします。

いいえ、姿形が変わることだけが条件ではありません。私たちの状況もその因子として関わります。同じ氷でも、夏の暑い日に食べるかき氷は私たちを楽しませてくれます。水道管を破裂させる氷の苦々しさを想像するすべもありません。私たちの生命を維持している水も、大雨や洪水などでは、私たちの生活に大きな被害をもたらします。また、水蒸気の力を利用して、一八世紀のイギリス産業革命は飛躍的に進んだとされます。

H_2Oという水分子が、取り巻く環境条件によってその姿を変えただけで、つまり液体（水）や個体（氷）、気体（水蒸気）と変化しただけで、私たち人間は喜んだり、困ったり、悲しんだり、快適に利用したりしているのです。

このような水分子の形状の変化を、仏さまと私たちの関係に捉えた教えがあります。江戸時代に活躍した禅僧、白隠禅師が記された『坐禅和讃』に示されています。

衆生本来仏なり
水と氷の如くにて
水を離れて氷なく
衆生の外に仏なし
衆生近きを知らずして

遠く求むるはかなさよ
たとえば水の中に居て
渇を叫ぶが如くなり

『白隠禅師坐禅和讃』

水と氷を、衆生と仏になぞらえて説かれています。先にみた一休さんの歌にも通じている、興味深い教えです。
白隠禅師は、私たちはもともと、仏さまなのだとおっしゃっています。水と氷は形状が異なっていますが、水が氷に姿を変えただけです。逆に、氷が水に姿を変えたのだということもできます。それと同様に、私たちは仏さまと同じだと説かれます。そのことに気がつきもせずに、自分の外に仏さまを求めている愚かさ。それはまるで、水の中にいて、「喉が渇いてたまらない」と、不平を言っている滑稽さに似ていると説かれています。

金沢・雪の中での気付き

もう一度、金沢での修行時代に戻ります。

寒さの中、修行は続きます。慣れない北陸の冬の生活に、次第に、そして確実に、身体全体が硬くなっていくのがわかりました。寒さに慣れる代わりに、身体全体がぎこちなく固まっていくようです。身体が硬くなるにつれて、心も頑なになっていくようでした。何をするにも険しい表情で、むっつりとしたまま行うようになってきました。

曹洞宗の開祖、道元禅師さまは、

ただまさに、やわらなかる容顔をもて
一切に向かふべし
『正法眼蔵・菩提薩埵四攝法』

とおっしゃっています。しかめっ面していないで柔らかな表情で生きなさいよ、とおっしゃっているのです。そうとは頭ではわかっても、寒いものは寒いのです。寒いと、ついついしかめっ面になってしまうのです。いや、しかめっ面を通り越して、泣き出しそうな、情けない面持ちになってしまいます。とにかく、寒いのです。手足が冷たくて、もう痛いくらいなんです。

掃除の時もそうです。凍りついた雑巾バケツの水に両手を突っ込んで、雑巾の汚れを落とそうとしても、指がかじかんで、うまく洗えません。うまく絞れません。仏頂面をして、寒い、冷たい、と泣き言を言っていました。すると、背後から先輩の低い声が聞こえてきました。

「寒い、と嘆かなくても雑巾は洗える。黙ってやれ」

「だって、本当に冷たいんです」

やけくそぎみに、そう言い返すと、再び、

「黙って、やれ」

はい。

言われた通り、黙って雑巾を洗いました。そして渋々と雑巾がけを続けました。(一体全体、古参和尚は寒くないのだろうか)、(そもそも温かい血が流れていないんじゃないのかしら)、心の中でそんな悪態をつきながら、雑巾がけをしていました。

渋々ながらも黙々と、広い回廊を拭きあげている間に、ふと気がつきました。

「寒い」と嘆こうとも、バケツの中の水は冷たいままです。水温が上がるわけではありません。「辛い」と言わなくても、雑巾がけはできます。泣き言を言っても、廊下が綺麗になるわけではありません。私も何を言わなくても、掃除をすることはできるのです。

なるほど、古参和尚の言う通りでした。私はただ、「寒さ」に心が奪われて、嘆き悲しんで、今行うべきことから心が離れてしまっていたようです。それを声に出すことによって、さらにその思いが強くなっていたのでしょう。雑巾がけを行うことよりも、寒い冷たいという感覚が勝って、掃除をする気持ちがおろそかになっていました。清めるという本来の目的を忘れていたようです。むしろ、掃除をするという行為を行いながらも、逆に、自分の心を汚《よご》していたのかもしれません。言葉に出すことで、なおさら自らの行いを汚《けが》していたのかもしれません。

道元禅師さまは、こう仰せられています。

寒い時には、ただ寒さに徹するのみ
暑い時には、ひたすら暑さに徹するのみ
（寒也徹蔕寒なり、熱也徹蔕熱なり）
『正法眼蔵・春秋』

年が明け、大寒を迎えると、修行道場では寒行托鉢が始まります。大寒から節分までは、毎日欠かさず托鉢に出ます。（なにもまぁ好き好んでこんな寒い時期を選ばなくても）と思うのですが、修行ですから仕方がありません。雪が降ろうと吹雪になろうと関係ありません。震えようとも、凍えようとも、ただ黙々と托鉢に出ます。

奇妙なことに、雪の中では足袋をはかずに、裸足にそのまま藁草履をつけます。雪の中を素足で歩いているようなものです。

「裸足で行くぞ」

と言われた時には、冗談かと思いました。それだと、あっという間に足先から感覚がなくなり、膝下まで鈍感になってしまうことが容易に想像できたからです。さらに怪我の心配もあります。

しかし、藁草履を履いて雪の上を歩くときは、足袋をはいているよりも、むしろ裸足の方がいいということを、後に体験的に知りました。

足袋をつけて藁草履を履いて、雪の中に踏み込むと、あっという間に足袋は濡れてしまいます。いったん濡れてしまった足袋は、ずっと濡れたままの状態で足に密着しています。濡れた靴下を履いたまま、真冬の道を歩くことを想像してみてください。特に溶けかけの雪道では、氷水の中にずっと足をつけているような状態です。足が冷えて凍えて、仕方ありません。心臓が悲鳴をあげてしまいそうです。ですが裸足だと、雪のない所では、足が濡れていない分だけ、わずかながらも体温を維持することができるのです。氷水から足を引き上げたような感覚です。その時だけは、血液の熱が足の末端にまで行き届きます。裸足なのにもかかわらず、暖かく感じます。

凍えるような寒さの中では、このささやかな温もりは、まるで炭火に手をあてているような安堵感があるのです。体温があること、心臓が動いていてくれること、生きていることへの喜びがこみ上げてきます。何の不平もいわずに、コツコツと脈を打ってくれている自らの心臓に、感謝の念が湧いてきます。私の心臓は、私の思いや『我』とは関係なく、しっかりと温かい血液を全身に送ってくれています。そのお陰で私は生かされ、そして歩いて托鉢ができているのです。裸足で雪道を歩きながら、そんな当たり前のような、それでも自ずと感謝の念が生じるような、有難い発見をしました。

私の修行生活が、あと一か月で終わろうとする頃、アルゼンチンから外国人の修行僧が数名、修行道場を訪ねてきました。

初めて見る異国の禅僧に、私はとても興味を覚えました。当時の修行道場には英語を話す者が少なかったので、私は通訳も兼ねて彼らに接し、さまざまな話を聞く機会を得ました。

アルゼンチンでの禅の修行生活。日常的に読む経典や食事内容。また、キリスト教徒が多い国で、どのような形で禅が受け入れられているのか。興味は尽きません。相手もにこやかに答えてくれました。その寛大さに甘えて、私はこれまでに感じた修行道場での出来事や不満までも話しました。すると、私の話を笑いながら聞いていた一人の僧が、とても興味深いことを教えてくれました。

スペイン語では「希望」をエスペランサ（esperanza）と言うそうです。これは動詞のエスペラール（esperar）から派生しているのだそうです。動詞のエスペラールとは「待つ」という意味。つまり、

待つことは、希望につながっている

というのです。そして彼は、こう言って笑いました。

「君の先輩は君のことを待っていてくれているんだね。つまり、君に希望を持っているということだ。君自身の self（自己）が抜けるのを待っていてくれているんじゃないのかな。僕たちはブッダの近くにいながら、どうしても自己を中心にして頑張ってしまって、ブッダから遠ざかっている気がする。君だってそうだろう？　でも僕は、いつか、自己が抜け落ちる時が来るんじゃないのかと思っているんだ。その時まで黙々と修行をしようよ。時を待とう。時は訪れるよ。それが希望ってもんさ」。

長崎・エピローグ

長崎での記録的な大雪の中、子どもたちと遊び、雪による被害の対応に追われながら、私は修行時代の雪を思い出していました。

一八年前の修行時代の雪と、現在の私の立場から見る雪は、まるで別物のように見えてしまいます。それでも、何か共通するものを感じるのです。それは降り始めた雪の純白さ故でしょうか。または、以前も今も同様に、私が仏道を歩んでいるからでしょうか。何かしら同じ問いを投げかけられているように思えるのです。

保育園の窓越しに降る雪を眺めながら、私は道元禅師の次の言葉を思い出しました。

ただわが身をも心をもはなちわすれて、
仏のいへ（家）になげいれて、
仏のかたよりおこなはれて、
これにしたがひもてゆくとき、
ちからをもいれず、

こころをもつひやさずして、
生死をはなれ、仏となる。

『正法眼蔵・生死』

午前中にあんなに遊んだ園庭では、もう子どもたちの足跡が雪に消されています。あの雪だるまは、赤いスコップの鼻をピンと立てて、誇らしげに立っています。子どもたちは眠りから覚めると、また元気に笑って遊びまわるでしょう。無邪気な寝顔を見ながら、彼らの目覚めをゆっくりと待つことにしましょう。

鉛色の低い空が、少し明るく輝きはじめました。

詩と希望

岡野　絵里子

司祭と詩人

忘れられない一つの記憶がある。私はカトリックの女子校で学んだが、大学での専攻は社会心理学だった。心理学は次々と新しい研究が生まれ、変化していく分野で、すべき勉強は果てがなかったが、それがまた面白くて、実験や調査にも励んでいた。

或る日、臨床社会心理学のゼミで、「生存者選択」という課題が出された。「核戦争によって滅びつつある地球から、他の惑星開拓地へ、宇宙船で脱出する。だが宇宙船には一〇人しか乗れない。多くの人々の中から、誰を選ぶか。一時間後に、宇宙船は離陸する」。候補者リストには、プロ野球選手、小説家、妊娠中の主婦、大工、老司祭などさまざまな職業の人がいる。必ず全員が意見を述べ、妥協してはならないという条件を与えられ、学生たちは討論を始めた。しかし、意見はまとまらない。「誰を」どころか「どうやって」選ぶかも決まらない。提案ばかりが積み重なり、無慈悲に時間が過ぎるうち、一人の学生が言った。「老司祭は一〇人のうちに入れたい。地球を失った人たちの精神的な指導をして、支えになってくれると思うから」。唐突な発言だったが、皆は思わず頷いた。早速、搭乗者リストに書き込もうとした時、別の学生が言った。「司祭は辞退すると思う。神父様とは、誰か一人を救うために、自分は犠牲になることを選ぶ人ではないか」。学生たちははっとし、再び大きく頷いた。

「希望」というものを考える時、私はこの瞬間を思い出すのである。仮想世界の話ではあるが、もし地球が滅亡する時に、外惑星に移住できれば、それは大きな希望だ。人間の科学力の成果である。そのお陰で、人類は生き延びられる。だが、生物の本能を越えて、自らの生き延びる権利を他人に譲る者がいる時、彼らほど大きな希望をもたらす者はいない。人類は生き延びる価値がある、と証明しているからだ。

二〇一三年になって、この「生存者選択」ゲームが実写映画化され、翌年には日本でも公開された。サイエンスホラーのストーリーで、哲学科の学生たち二〇人が、生存候補者リストにある二〇種類の職業に扮して、核爆発中の仮想終末世界に送り込まれる。そこで生き延びることができれば、卒業試験に合格なのである。バーチャルワールドなので、本当に死ぬわけではないが、卒業がかかっているので、皆真剣だ。上院議員、不動産業者、動物学者、オペラ歌手などになった学生たちは、自分が選ばれようと必死で自己アピールをする。

二〇人の中に、老司祭はいなかったが、詩人がいた。詩人役の男子学生が進み出て、「僕は詩人です……」とアピールしようとしたが、名乗った途端、彼は射殺されてしまった。その間のよさに、シリアスな映画だったにもかかわらず、観客はどっと笑った。

詩人とはこんな存在なのだ。主張の機会さえ与えられないらしい。他にもサバイバルには不向きな職業はいろいろあったのに、こんな目にあったのは、詩人だけだったようだ。

私は憤慨し、早速現代詩人会のパーティで、この話を披露したが、男性詩人たちは吹き出して笑い、「まあ、そうなるだろうなあ」と言うばかりであった。詩人の扱いはかくばかりではあるが、それを笑えるくらいには、現代詩人たちは逞しい。詩人の存在意義は作品を残すことであって、自分たちが生き残ることではない、という覚悟があるのかもしれない。

日本キリスト教詩人会の詩人たち

日本キリスト教詩人会は創立二〇周年の記念出版として『聖書の女性たち』を刊行した。旧約、新約に記された女性たちを詩にうたった詩華集である。中でも、ロトの妻とイエスの裾に触れた病の女には、詩人の筆が集中している。前者は地上的な生の喜びを断ち切れなかった女性であり[1]、後者は生きることを諦めず、ついに病を癒やされた女性である。詩人の感受性は不幸や逆境には鋭敏に開く。ロトの妻にある不安や過去への執着、愛する者と引き裂かれる悲しみ、長く患って、財産を使い果たした女性の苦しみを詩人たちは鮮やかに、自らの痛みといたわりをもって書き留めた。病の女性は人の世の喜びを削ぎ落とされ、低められた者の位置からしか見えないものを見た。そしてなお、信じ続け、持ち続けた希望である。彼女の望みが叶えられる歓喜の瞬間を書くことで詩人たちもまた癒されるのだと思われる。

日本キリスト教詩人会の会員で、ドイツ文学、思想史の研究者である川中子義勝氏[2]は著書『詩人イエス』（教文館、二〇一〇年）の中で、現代における信仰詩について述べている。

読者の理解に直接は仕えず、むしろ謎を置くことによって対話へと挑発しつつ、事柄に相応しくない態度を斥ける。そのような仕方で時代との対決を図る詩も、（ともすれば狭隘な場とはなるが、そのような場への決断において）「二人称的な」関わりを目指すものといえよう。

川中子氏はいわゆる「一人称的」モノローグは作品世界を閉鎖空間化すると指摘し、聖書の「二人称的」語りは「対話的」であり、関わりの復興を提起するとしている。「対話の場」を目指して詩が聖書に関わる焦点を、著者は「聖書詩学」と呼び、まさにこの書は聖書詩学の高著となっている。

著者は、ヨハン・クレッパー(3)の詩「夕べの歌」他に時代の試練と神への呼びかけ、そして神の応答の希求を見る。

この時いかに暗さがつのるとも、
いつの日か光に見《まみ》えて知るだろう、
道すがら私に見えなかったものは
わが救いのためあなたが備えたものと。
あなたはさが瞼を閉ざされる。

私は憂いを忘れて眠る。
この夜へと私を導いた方が
明くる朝にもまた私を導く。

（「夕べの歌」結び）

賛美歌の素朴さを備えた詩行であって、読むための詩としては不足な部分もあるようだが、信頼と希望にあふれた神への呼びかけは私たちの心を動かす。

戦後詩の傷と希望

脱走
――一九五〇年ザバイカルの徒刑地で

そのとき　銃声がきこえ
日まわりはふりかえって
われらを見た

ふりあげた鈍器の下のような
不敵な静寂のなかで
あまりにも唐突に
世界が深くなったのだ
見たものは　見たといえ
われらがうずくまる
まぎれもないそのあいだから
火のような足あとが南へ奔《はし》り
力つきたところに
すでに他の男が立っている
あざやかな悔恨のような
ザバイカルの八月の砂地
爪先のめりの郷愁は
待伏せたように薙ぎたおされ
沈黙は　いきなり
向きあわせた僧院のようだ

われらは一瞬腰を浮かせ
われらは一瞬顔を伏せる
射ちおとされたのはウクライナの夢か
コーカサスの賭か
すでに銃口は地へ向けられ
ただそれだけのことのように
腕をあげて　彼は
時刻を見た

（石原吉郎「脱走」前半）

石原吉郎はキリスト教の洗礼を受けていたが、応召、北方情報要員であったために、一九四五年、ソ連軍にシベリアに送られ、重労働二五年の判決を受ける。

この詩は、脱走者が銃殺される、恐ろしいほど緊迫した瞬間を描いている。石原のエッセイ「沈黙と失語」によると、一九五〇年の夏、砕石場から、一人のロシア人が脱走を図った。サボタージュの罪で、裁判にかけられることになっていたらしい。彼は一直線に走っていったため、監視兵から一発で射殺されてしまった。監視兵は死体にはかまわず、死者の上着だけを持ち帰った。血染めの上着を公示して、脱走を戒めるためであった。

作品の中では、囚人たちは座らされていたことになっている。その中から一人が立ち上がり、南にある故郷に向けて走り出したのだ。一発の銃声。囚人たちは反射的に腰を浮かせ、そして一斉に顔を伏せる。

彼らの身体に染み込んだ恐怖と諦念がよく伝わってくる。死が生まれたその瞬間、監視兵は腕を高く上げるようにして、時計を見た。囚人たちへの示威行為なのか、何であったにせよ、人の死の無残が鮮やかに屹立する。「ただそれだけのことのように」。

労働に行く囚人たちは、五人一列の隊列を組まされた。冬になると、堅く凍てついた土や雪で足を滑らせ、列の外によろめき出ただけで、逃亡を試みたとみなされ、囚人は射殺された。誰が足を滑らせても、はみ出るのは外側の列にいる者だから、整列の際は、皆争って内側に入ろうとした。しかし、そこにたった一人の例外があったのである。

実際に見た者の話によると、鹿野は、どんなばあいにも進んで外側の列にならんだということである。明確なペシミストであることには勇気が要るというのは、このような態度を指している。それはほとんど不毛の行為であるが、彼のペシミズムの奥底には、おそらく加害と被害にたいする根源的な問い直しがあったのであろう。そしてそれは、状況のただなかにあっては、ほとんど人に伝ええない問いである。彼の行為が、周囲の囚人たちに奇異の感を与えたとしても、けっしてふしぎではない。彼は加害と被害という集団的な発想からはっきりと自己を隔絶することによって、ペシミストとしての明晰さと精神的自立を獲得したのだと私は考える。

（石原吉郎「ペシミストの勇気について」部分）

鹿野武一には、他にも心動かされる逸話がいくつかあるが、それほどの人物であっても、希望を持って生きることはできなかったのである。安易な希望を持つことではなく、ペシミズムを貫くことによって、抑留を強いる者たちへの憎悪を吹き出すことなく、絶望もせずに彼は生き延びたのだ。ただ彼が恐れたのは、自らが加害者になることであった。囚人という被害者の隊列にいても、滑って同胞を列の外へ押し出し、死なせる可能性を持つ限り、自分は加害者集団の一員である。だが、その位置から進んで脱した時に、人は初めて人であり得る。自分は人として射殺されよう、と沈黙のうちに決意していたのであろう。

人が加害の場に立つとき、彼はつねに疎外と孤独により近い位置にある。そしてついに一人の加害者が、加害者の位置から進んで脱落する。そのとき、加害者と被害者という非人間的な対峙のなかから、はじめて一人の人間が生まれる。〈人間〉はつねに加害者のなかから生まれる。被害者のなかからは生まれない。人間が自己を最終的に加害者として承認する場所は、人間が自己を人間として、ひとつの危機として認識しはじめる場所である。

（同前）

一九五三年の恩赦によって、石原と鹿野は帰国することができた。鹿野は研修後、本来の職業である薬剤師の仕事に戻り、病院で働いたが、心身の消耗が激しく、一九五五年の三月には、宿直明けに心臓麻痺で急逝してしまう。石原は一九六三年に出版した第一詩集『サンチョ・パンサの帰郷』のあとがきにこう書いている。

〈すなわち最もよき人びとは帰っては来なかった〉。〈夜と霧〉の冒頭へフランクルがさし挿んだこの言葉を、かつて疼くような思いで読んだ。あるいは、こういうこともできるであろう。〈最もよき私自身も帰ってはこなかった〉と。今なお私が、異常なまでにシベリヤに執着する理由は、ただそのひとつのことによる。私にとって人間と自由とは、ただシベリヤにしか存在しない（もっと正確には、シベリヤの強制収容所にしか存在しない）。日のあけくれがじかに不条理である場所で、人間ははじめて自由に未来を想いえがくことができるであろう。条件のなかで人間として立つのではなく、直接に人間としてうずくまる場所。それが私にとってのシベリヤの意味であり、そのような場所でじかに自分自身と肩をふれあった記憶が、〈人間であった〉という、私にとってかけがえのない出来事の内容である。

（詩集『サンチョ・パンサの帰郷』あとがき全文）

「最もよき私自身も帰ってこなかった」という言葉に、鹿野武一を失った悲しみを私たちは読まざるをえない。鹿野は石原の友人であったと同時に、抑留生活における良心であり、人間の気高い精神そのものだったのである。希望を持てない抑留生活の希望であった。「このような人間が戦後の荒涼たるシベリヤの風景と、日本人の心の中を通って行ったということだけで、それらの一切の悲惨が救われているのだと感ずるのは、おそらく僕一人なのかもしれない」（エッセイ『一九五九年から一九六二年までのノートから』）とも書いた石原だったが、戦争の傷から癒えることはなかった。亡くなったのは一九七七年一一月である。当時私は詩の教室に通う女子大生で、先生でもある詩人から「石原吉郎が亡くなった……」と大ニュースのように聞かされた。傷ついた人を、不幸なまま亡くしてしまったのだという無力感に襲われたことを覚えている。だが、晩年の彼がパウロの言葉を読み、死を越えた彼方にある永遠を知っていたことは、私たちにとっても救いであった。

死はそれほどにも出発である
死はすべての主題の始まりであり
死は私には逆向《さか》きにしか始まらない
死を〈背後〉にするとき
生ははじめて私にはじまる
死を背後にすることによって
私は永遠に生きる
私が生をさかのぼることによって
死ははじめて
生き生きと死になるのだ

（「死」全行　一九七七年一一月）

東日本大震災のち

二〇一一年三月一一日、太平洋沖に発生した地震とそれに伴う津波が、東北地方に大きな被害をもたらした。余震時も含めると、岩手、宮城、福島他の死者は一万五七三五人、行方不明者は四千四六七人にものぼった。また地震による地殻動の影響で、福島第一原子力発電所が炉心溶融を起こし、放射性物質が放出拡散される最悪レベルの事故が発生した。

ニュース映像で流される被害の大きさに、人々は心を傷めるばかりであったようだが、詩人たちも打ちのめされた。多くの詩誌に「言葉が出ない」「もう詩が書けないような気がする」「このような時に詩作をするのは不遜に思える」といった発言が載った。被災した或る詩人は、原稿を依頼されて「渦中にある者は原稿を書くひまがない」と言った。ツイッターで言葉を発言し続けた福島在住の詩人が例外的な活動をした一人であった。

平田俊子は気力をふりしぼるようにして、執筆の務めを果たした一人である。詩人のその日を、少し引用する。

……テレビを見ておろおろしていてもどうにもならない。地震に負けぬよう仕事をしなければと思い、テレビを消して机に向かった。最初に復旧したのは小説の言葉だった。

（中略）わたしは何もなかったふりをして、書きかけの小説の世界にひたった。東北が舞台ではなかったからそうできた。テレビ番組のために未読の本を二冊読まなければならなかった。小説を書くより人の書いたものを読むほうが苦しかった。視線が活字の上を滑るばかりで先に進まない。（中略）翌日が詩の締切だったから、帰宅後気持ちを詩に向けた。小説は書きかけのものを引き継いで書けるが、詩は一から立ち上げないといけない。小説は地震を無視して書くことにしたが、詩はどうするか。地震を受けて書くならどういう形をとるのがいいか。与えられた文字数は多くない。そこで何ができるだろう。原発事故を扱うのは違う。被災した人たちへの呼びかけは不遜だ。わたしにできるのは祈ることだけ。大地が早く鎮まるよう祈ることだけだ。ゆれるな。ゆれるな。ゆれるな。ゆれるな。言葉の力を信じて「ゆれるな」という詩を書いた。

（『現代詩手帖』二〇一一年五月号）

時事詠の伝統のある短歌や俳句と違い、現代詩では即興性を重んじない。歌人や俳人が震災についての作品を次々と発表する傍らで、詩の言葉はなかなか生まれようとしなかった。それどころか、予定していた詩集の刊行を取りやめた詩人たちも少なくなかった。災害以前に書き溜めた作品が、自身でも信じられなくなってしまったのである。

「真に体験の名に値する体験とは、外側の体験をはるかに遠ざかった時点で、初めてその内的な問い直しとして始まると私は考えている」と石原吉郎は書いている。彼がシベリヤの体験を詩集に刊行したのは帰国してのち一〇年、エッセイでその体験を生き直したのは一五年後であった。詩の本質がそうさせたのである。二〇一一年における詩人たちも同様であった。

だがその時、沈黙する日本の詩人たちを励ますように、傷ついた者を背負って走る友人のように、海外から詩が届けられた。

日本よ、あなたはどうか泣かないでください
日本よ、あなたはどうか立ち直ってください
今、世界があなたと共に涙しています
今、人類があなたの涙を拭おうとしています
これは、日本の災難でなく地球の災難
これは、日本の不幸でなく地球の不幸
今こそ、失ったものより残されたものを考えるときです
（中略）
神は、時々人間にパンの代わりに石を投げるけれども

神も、ある者の不幸の前ではあっけにとられるときがあるので
神は、他のもう一つのドアを開けておかずにはドアを閉めないので
けっして希望を捨てないでください
日本は寂しくはないでしょう
日本の忍耐心は人類の忍耐心です

（鄭浩承[4]「日本よ、どうか泣かないで！」部分　韓成禮訳[5]）

中央日報は韓国詩人の詩や励ましのメッセージを掲載、朝鮮日報も日本支援キャンペーンを展開した。韓国挺身隊問題対策協議会は従軍慰安婦問題の集会を駐韓日本大使館前で行う予定だったが、急遽日本の被災者への追悼の集会に変えたという。日頃は日本に厳しい隣国が、あふれ出すように情愛を示す。災難と不幸は全人類で分ち合うべきものという世界観が素晴らしい。裕福で幸せな者の家へは、皆が分け前を求めて集まるが、不幸な者は皆に避けられるのが世の常であったのに。

希望という語は、やがて少しずつ日本の誌面にも読めるようになっていく。だがまず、悲しみに近づいていかなければならなかった。

体験したひとにしか　わからない　と
体験していないひとは　言った

それでも　なお
近づきたくて

ひとの
こころの水際までを　歩いていく

おもいを　汲む

解くこと　分けること
明かすことは　できなくても
汲むことはできるだろう

わたしという小さな入れものを

沈黙をたたえた　みなもに
差し入れて

おもいを　汲む

体験したものにしか　わからない　と
体験したひとは　言わなかった

あふれていますよ　と
しずかに言った

両手で汲んだ
わずかなものが
わたしの指のあいだから
こぼれている

（草野信子「汲む」全行）

不幸に見舞われたつらさは、実際に体験しなければわからないものだ、安易な同情はしてくれるな、と不幸な人は言うだろう、だから、気をつけなければいけない、と私たちは思っている。だがそれは、幸福な場所にいる者が想像したことにすぎなかった。本当に大きなつらさを体験した人々は何も言わないのだ、とこの詩人は知る。大震災を体験し、つらさのただ中にいる人々は何も言わなかったからである。

草野信子は教師であったが、震災時には退職していた。復興には長い時間がかかると直感した彼女は、リフレクソロジーの資格をとると、被災地にマッサージのボランティアに行ったのだった。

汲むとは、思いやるということに最も近いかもしれない。なみなみと湛えられた悲しみの、わずか水際に近づく。自分の人生のありったけを使っても、ほんの水面に触るだけに過ぎないとわきまえて、自分に言い聞かせる。そして、その人の悲しみを汲む。が、小さな自分には微量を汲めただけ、それすら、小さな掌からこぼれてしまった。それなのに、その人は分かってくれた。悲しみは心を鋭敏にする。つらい体験を経て、その人は他人の心に敏感になったのだ。至らないが謙虚な思いやりを受け入れてくれたのだ。

「汲む」ことをしたのは、本当は誰なのか。読後にはっとさせられる。この詩は詩人が被災地に行った経験をもとに書かれていると思われるが、大震災時に限らず、人間が崇高さを備えた存在であることを教えてくれる。人は自らの無力さを知りつつ、なお思いやりをあふれさせる者であること。悲しみの底にあっても、他者に思いやりを返せる者であること。地上に希望があるとしたら、人にこそ希望の火は生まれ、人と人の間に灯るのだと思わせられる。

もう食べるものがなくなったので
コンビニの棚で　水をまぬがれた
ガムを配ることになり　ひと包み
十四粒のガム　五包みをひろげて
長い会議机のうえに　ひと粒　ひ
と粒　種蒔きみたいに置いた

まだ救援のこない　三日目のこと
雪が降っていたから　二日目だっ
たかもしれない　ひとりにひとつ

まちがいのないように　歩幅三歩
ほどの間隔をあけて　ひと粒　ひ
と粒　ガムを置いた

町はなくなっても町の防災係だっ
た　無我夢中だった　間隔をあけ
て置いて　ひとりがひとつ取って
いく　ごまかしのないよう見てい
ましょうと　私は言った　いまに
なって　そのことがはずかしい

はじめて話すこと
と　そのひとは言った
間隔が守ってくれると思った
結局　人間を信じていなかったということです

試練をよく耐えたひとが
いまになって　自分を責めて
わたしのまえで　はじらっている

（草野信子「間隔」全行）

この詩について、詩人の柴田三吉は書いている。草野宛の書簡の形である。草野からの返信とともに一部分を引用する。

……でも、むごい傷を負った人の悲しみ、辛さは迷路のような時を辿らなければ言葉になりませんね。そんな切実な時期に、あなたはボランティア活動をし、時間と記憶が交わる場に腰を下ろし、言葉が生まれてくる一瞬に立ち会っていたのではないかと思います。それゆえ、他者への共感、あるいは共苦が、確かな明かりとして詩の中にともっていいます。（中略）配られたのは一人一粒のガム。混乱の最中とはいえ、彼は住民を疑ってしまった。そのときの悔いが胸から出てくるのに数年を要した。この詩に限らず、他者の心に兆した回復を、あなたは自身の回復に重ね、人間の希望として描いています。

それが詩という表現で為されたことに、僕は希望を感じるのです。

（柴田三吉、詩誌『ジャンクション』九九号）


……他者によっていったん言語化されたかなしみが、私の表現によって私のかなしみとなったとき、それだけを、詩としてさしだしました。当然のことながら、書けなかったこと、書くことをあきらめたことが、数多くあります。そんな小さな詩の営みを、あなたは〈希望〉と呼んでくれましたね。そう呼ばれて気づきました。私は、希望だけを書きたい、と思っていた。被災地にあっても、ひとの生、その感情の普遍にとどきたいと願っていました。

（草野信子、詩誌『ジャンクション』九九号）


悲しみ、辛さは迷路のような時間を辿ると柴田は書いているが、彼らの詩誌九九号も二〇一六年七月の刊行である。悔いを告白した防災係の男性が数年を費やしたように、詩人もまた時間をかけて言葉を発しているのである。それは、他者のかなしみが自分のかなしみとなるまでの時間でもあり、詩人自身の回復の時間でもあったのだろう。

共に悲しむこと、共に回復すること、そこに人間の希望があり、詩を編む詩人の仕事もあるのだと、詩人たちは言っているようである。
大きな災害によって、自然に対して抱いていた甘い幻想は砕かれ、原発の事故によって、科学力への依存も切り捨てられた。私たちに望みがあるとすれば、すべてを失った地点から、自己を見出し、人間の可能性を見出して、共に歩き出すことではないだろうか。それは新しい希望であり、新しい人間観のように思われる。

世界という希望

死の向う側から光が射しかけてくるとき
死の翳が私たちの世界に落ちる。
まるで晩い秋の　夕暮れの
冷たい空気が地上を覆うときのようだ。

（清水茂[6]「死の向う側から」冒頭）

ただ日が暮れ始めている、それだけのことに、意味もなく不穏な気配を感じて、私たちはぞっとすることがある。死が昏く覆う者であることを、誰が私たちに教えたのだろう。幸福な生が続かないことを私たちは嘆くが、やがて悟る瞬間が来るようだ。影が私たちにかぶさるのは、その向こうに光源があるからだと。小さな人間を覆う小さな影よりも、その光は永遠と呼ばれるほど深く大きいのであると。死の彼方に永遠の光が存在することを、詩人は誰よりも先に知っていたかのようである。

清水茂氏の言葉は、現代詩の言語実験や短い周期の流行とは関係のない場所で深まり、澄んでいく。その澄んだ境地は、湖が明るい鏡となって天を映すのと似ている。

暗い心のなかを
深い底のほうまで下りてゆくと
かすかな明るみがあって
湖面に何か照るものがあった。

私の生きてきた時間が
いつのまにこんなにも多くの水を
心の底に貯えていたのか
私は知るはずもなかったが

湖面に照るこの朧げなかがやきは
私の心の反映ではなかった
何かしらもっと奥深い底のほうから
あるいはさらにその向う側の
どこか遠いところから
岩盤のほとんど無限の距離をつき抜けて
ここまで達しているもののようにみえた。

その仄かな明るみが
暗い心の隅ずみまで及ぶと
苦しみの記憶の全体に
生と死とを結ぶ虹がかかった。

（清水茂「暗い心の」全行）

自分自身の底へ、静かに下りて行った詩人は、湖とその湖面をかすかに明るませるものを発見する。それは「奥深く」「遠いところから」「ほとんど無限の距離をつき抜けて」
自分が生きてきた時間の水を輝かせてくれている。それは作品「死の向う側から」において、射しかけてくる光と同じように、翳の向うから来るようだ。その恩寵のような光は仄かに見えるが、人の湖一つ一つを訪れて、苦しみの記憶の水を祝福し、生と死を結んで虹をかけるのだ。
神よ、あなたがおいでになるのならば
未だ　彼らのためにこの世界を
閉じてしまわないでください！
そして　あなたがおいでにならないのならば
この願いを私はただ自分の胸の衷に収めて
誰にも送られなかった手紙のように
失効を知りながら　それでも
待ちつづけることにしましょう、
私たちの後にも、あなたの不在のなかに
なお世界があることを信じて。

（清水茂『祈り』最終連）

「彼ら」とは、引用していないが、前連に登場する植物、動物、風や雨たちである。野放図な人間には、この世界を委託するな、ただつつましい生き物たちのために世界を開いていてほしい、という祈りである。人類の歴史が始まって以来、「私たちを滅ぼさないでください」という祈りは捧げられ続けてきたに違いないが、自分たちの死後もこの世界が存続することを信じ、神が席をはずしていることにも意味があると信じる祈りは、大きな災厄の影が射す現代ならではの希望の持ち方ではないかと思われる。

清水氏の多く優れた訳業の中に、イヴ・ボヌフォワの翻訳がある。

この世界はありつづけるがいい、
泣いている子どもの傷を
人が洗ってやるとき
時間は消えるのだから。
そして　暗い寝室に
戻ってくると、子どもが

やすらかに眠っているのを人は見る、
夜、だが　光である夜に。

（イヴ・ボヌフォワ[7]、詩集『灣曲した板』より）

子どもをいたわる時、大人の澱んで醜い時間は消える。大人の日常にひしめく憎悪や怨恨、嫉妬や欲望などを忘れるからだ。そして、素晴らしい瞬間とは果てなく広がり、時間の感覚を越えて永遠を感じさせるものだと、人は知っている。子どもの傷を治してやれること、子どもが癒やされ、すっかり安心して眠っているのを見ること、それが至福であると感じる人間が一人でもいるなら、この世界は続く価値があるのだ。

詩の仕事とは何か、と仮に百人の詩人に問えば、そのうちの一人か二人は、泣いている子どもの涙を拭うこと、と答えるのではないかと思う。そしてその一人か二人のために、詩人たちは皆、仕事をすることを許されるのではないかと思っている。

注

（1）ロトの妻が振り返った理由について、三篇はそれぞれ自分自身への不安、過去への未練、嫁いだ娘への愛情、としている。

（2）川中子義勝（かわなごよしかつ）一九五一年生まれ。ドイツ文学者、詩人、東京大学大学院総合文化研究科及び教養学部教授。キリスト教思想を研究、ハーマンの紹介でも知られる。アマーリエ・フォン・ガリツィン賞受賞、国内では日本詩人クラブ詩界賞受賞。

（3）ヨハン・クレッパー　一九〇三年シュレジア生まれ。プロテスタント神学を学んだが、作家の道を選んだ。ユダヤ人の女性と結婚。

（4）鄭浩承（チョン・ホスン）一九五〇年慶尚北道大邱生まれ。詩集、童話、小説、散文などの多くがベストセラーになる、韓国で愛されている詩人。カトリック文学賞他多数受賞している。

（5）韓成禮（ハン・ソンレ）一九五五年生まれ。詩人、翻訳家。日本と韓国の多くの詩集、小説を翻訳し、両国の架け橋となっている。

（6）清水茂（しみずしげる）一九二三年生まれ。フランス文学者、詩人。早稲田大学名誉教授。著書は多いが、近年は特にイヴ・ボヌフォワの翻訳で知られる。日本詩人クラブ賞他受賞。

（7）イヴ・ボヌフォワ　一九二三年生まれ。現代フランスを代表する詩人。ノーベル文学賞の候補に度々名前が挙がったが、二〇一六年七月逝去。百冊を超える著作が残った。

希望という名の人生（Life named Hope）

武立　廣

はじめに

希望に関して最初に思い起こすのが、古代ギリシャ神話の中で人類最初の女性としてゼウスが人間界に送り込んだ「パンドラ」のことである。パンドラとは、「すべてを与えられたもの」の意で、例えばアテナからは知恵、アフロディーテからは美しい肉体、アポロンからは音楽……のごとく神々からの贈り物をもらって創造された女性のことである。エルメスからは金の壺（いわゆるパンドラの箱）を与えられ人間界で開けてはならないと厳しく言い渡されたにもかかわらず、中身を知りたい自らの好奇心には勝てず、パンドラはその箱を開けてしまったのである。

そもそもパンドラが天界から箱を持って人間界に送り込まれた理由は、ゼウスの人間に対する小さな苛立ちからだった。つまり当初人間はプロメテウスが天界から盗み出した火を賢く活用していたのだが、次第に武器等にも火を利用しては仲間同士の紛争を繰り広げるようになったのを見ていた。ゼウスは、人間自らが互いの戦争で滅亡しかねない事態を招き始めたことを重く受け止めて、まずは人間たちを懲らしめる目的で色々な厄災を詰め込んだパンドラの箱を神々に造らせたのである。しかし現実に人間が色々な厄災に見舞われて心も暗くなって苦悩する様子を見兼ねたゼウスは、ある深い図らいを持って人間が厄災を乗り越えて進化発展して行けるエネルギーとして「希望」なるものを、箱底にそっと忍ばせたのである。ただ希望は持ちさえすれば、直ぐに厄災を乗り越えられるような魔法とは違う。たとえ希望を持っても、努力を怠ってその実現ができなければ、人類が進化発展することはできない。そこでゼウスはもともと賢い人間に、努力をすることを前提に希望という心を明るくするエネルギーをお与えになったのである。つまり神の人間に対する期待も込められた丁重な思い遣りであると私は感じる。

ところで人間はプロメテウスがもたらした火を兵器に使って紛争を繰り返したように、希望もその持ち方次第では人類の進化発展を大いに妨げる事態になり得る可能性を秘めていることにも括目しなければならない。例えば現代の地球温暖化現象や核兵器拡散問題などは、人間が自らの願望が過ぎたり（これを野望と呼ぶ）、欲望の赴くままに行動してきた結果であることを十分に反省する必要がある。野望や欲望の果てに、仲間を傷つけたり無くしたりする嫌なニュースに毎日接する我々である。要するに、ゼウスの思い遣りに応えられるのは、長い時間を掛けて築き上げてきた人間の叡智をもってほかに考えられないのではないだろうか。なにぶんにも神の図らいがゆえに、被創造物の人間にはその真意をわかるはずもないが、人類が厄災を乗り越えながら進化発展していく際のエネルギーとなる「希望」に関して感謝をこめて私なりの小考を加えたい。

さて紀元前七〇〇年頃に活躍したギリシャの叙事詩人へシオドスはパンドラのことをギリシャ神話として後世に伝えている。まずパンドラが開けた箱からこの人間界に我先にと出て来たものは、ゼウスの人間に対する苛立ちの表れである厄災群であった。老い・病気・死・嫉妬・怨念・復讐・裏切り……その他諸々とこの世の厄災には枚挙にいとまがないが、地球上の至る所で人間誰でもこの厄災から完全に解放されることが今もってない。

よく地上の楽園をユートピアと呼んで憧れの理想の地とされるが、ギリシャ語原義では何処にもない場所（ウ・トポス）という意味らしい。もともと欲深い人間は、理想郷と思しき地に辿り着けたと思いきや、すぐまた多財餓鬼（沢山の財産を得ても満足できないで更なる欲望に陥ってしまう常に餓鬼状態の人間）となって、果てしない欲望の虜に陥るのである。

思えば古来仏教の世界では、生・老・病・死を「四苦」と呼んで、人間自らの力ではどうにも避けることができない災いを広く「苦」と呼ぶ。この世に生を受けた瞬間から死に至るまで、人間は常にこの苦から逃れられないで生きていかなければならないのが宿命である。また西洋においてもヘシオドスの約二三〇〇年程後にイギリスで活躍したシェイクスピアが、戯曲リア王の中で「人は泣きながら生まれてくる」と主人公に言わしめているが、人間の宿命に関して東洋でも西洋でも形を変えて教示していて面白い。我々は古今東西を問わず、この現世の真実を先ず静穏に受け止めることが大切だと思う。そのうえで雑多な厄災に押しつぶされることなく、立ち上がって前に歩き出そうとする人間に対して、全能神ゼウスは希望というエールを送ってくれたのである。つまり他の神々の所為とは一味も二味も違う図らいが全能神ゼウスによって人間に施されたのである。

ところで人間は身体と心のバランスを上手く保ちながら生きているわけだが、食物が身体を動かす目に見える燃料ならば、希望は人間の心を明るくする目に見えないもう一つの燃料といえる。どちらも人が生きていくうえで重要不可欠な二大燃料として、新人類二〇万年の進化発展の歴史を裏で支えてきた。希望は他の生物にはない人間だけが持っているもので、他の動物等と較べて、より飛躍的な進化発展を人類にもたらした原動力と言える。また食料は異常な自然現象が発したら枯渇することもあるが、希望は心の中で燃え続けるものなので一度持ったらなくなることはない。自分がこうありたいという将来像を描きながら、一人ひとりが変化を遂げながら今日の全人類の繁栄に陰の貢献をしてきたのである。したがってもし自分で創造したものではなくて、他人の押しつけや単に我欲に囚われただけの希望を持ったら、その実現のための努力は自ずと長続きしないだろう。よしんば叶えられたとしてもすぐ次の欲望にかられて、永久に心の平安が得られないことになる。

また希望は人間が努力さえすれば叶うというものでもないことは、長い人生で多く経験するところである。「因縁生起」と言われるように、人間は自ら努力することで原因を造れても、縁に恵まれなかったら希望は叶わないのである。

したがって希望はその実現だけにこだわり続けると、望みが叶わない時の不満足感だけが残る可能性もある。もし望みが叶わない時には、ご縁がなかったと受け止めるのがいい。あるいは希望を持つことで心が明るくなれるだけでも良かったと考えれば、自分が変化成長していることを楽しむことに専念するのも長い人生の中ではいいのではないだろうか。要するに希望が欲望や野望と大きく一線を画すのは、持つことで心が明るくなるか否かではないだろうか。希望の希には、「少ない・かすか」の意があって、欲や野の字には逆に「広がる」の意があるらしい。だから次々と広がっていく願望は希望とは言わないし、希望の虜という言葉は辞書にはないのである。仏教で知足（足るを知る）を諭す意味がよく理解できる。

さてこのような希望をテーマにして自分の人生をこれから振り返るに当たり、少しの工夫を加えよう。まず人生の流れは四季の流れによく例えられるが、私も人生を春夏秋冬の四季に沿って凡そ二〇年毎の四つに分けて時系列に書くことにしたい。また元来中国の五行説に基づくと聞くが、四季の変化に富んだ日本ではそれぞれの季節が持つ質感を青・朱・白・玄色の四色に準えて、「青春・朱夏・白秋・玄冬」と呼ぶことがある。私も季節の特徴と色の例えがマッチしているので大変共感するところである。それに従えば私自身がすでに人生の玄冬期を迎えており、今はこの時期にふさわしい希望を新たに一から考え直したいと願っているところである。体調も不具合が生じ始めてあと残り何年の人生かわからない状態の中で、やはりこれからも明るい心を生涯持ち続けていたいからである。自分しか経験できない人生の主人公として、自分が一番納得する明るい心で幕を下ろしたいものである。まずは過去の約六〇年間三つの季節（青春・朱夏・白秋）に抱いた希望を振り返ることにする。

二　青春期の希望

青色は晴れた大空や大海原の色を表す。キリスト教の復活祭に代表されるように、春は動物が生まれたり植物が再生したりして若い生命の息吹が至る所で躍動する季節である。その様子を見ているだけで我々の気持ちも明るくなって、青春期はまさに希望に溢れているといえる。

そもそも人間が生きているということ自体が、今の状態に留まらないで常に進化発展している状態だと言えるので、生きていることは変化すること、変化することは希望を持つこと、希望を持ったら心が明るくなって嬉しくなってくる……という具合に希望のよき連鎖に包まれていく。

私に限らないことであるが、人生初めての学習や経験に富んだ青春時代に抱く希望は、沢山ありすぎて具体的に言葉にはしなくとも毎日変化成長して生きていることそのものと言えそうだ。同じ二四時間でも青春期の一日は、玄冬期に比べて極めて短く感じられたのは、私だけではなかっただろう。現代の子供たちは、塾やお稽古事など親が勝手に決めた過密スケジュールに縛られていると聞くが、私たちは自分がやりたいことをするのに忙しかった。人間は自分がやりたいことで過ごす時間ほど短く感じるものである。記憶して頭に詰め込もうと努力をするのではない。学習や体験したことが砂地に撒いた水のように、自ずと心身に吸収されたような気がする。青春期には強力な記憶力が自然とセットされていたようだ。学校生活が楽しくて、先生に下校を促されるまで校庭で野球に興じ、図書館で本を読みふけった。久し振りの同窓会でも、澄ました顔をしていても笑った顔で相手が誰だか思い出すから不思議である。正に「幸せだから笑うのではなく、笑うから幸せなのだ」（アラン）という言葉が思い起こされる。

また青春時代の希望が生きざまそのものだという点では、希望の持ち方にはその時代的な背景が良くも悪くも影響すると言えそうだ。私の場合は俗にいう団塊世代で、昭和三〇年代に小中学校を過ごした。戦後の高度成長やアジア最初の東京オリンピック開催（昭和三九年）などが、国民全体に明るい精神的高揚感が漲っていたことは否めない。皆の目付きも今と何か違うのである。真剣に戦後復興の証を皆で築き上げて、世界に出て行こうという意欲に満ち溢れていたように感じるのである。第二次大戦の敗北からの出直しとして、いわゆる第二の明治維新みたいなものである。今我々は二〇二〇年の東京オリンピックの開催準備の真只中にいるが、最初の開催当時の国民全体にあったような熱気があまりにも伝わってこない。今の日本が成長に陰りが見えて、国民全体を巻き込んだ希望を鮮明に描ききれない状態にあるのかもしれない。戦後日本の復興時代の坂を皆で登っていくような希望に満ち溢れていた私の青春時代が懐かしく思えてならない。

さて本題の私自身の青春期の希望の話に戻ろう。時代は遡るのだが、実は出生時から私は自分の家族からある大いなる希望を託されてこの世に生を受けたという話である。

私にとって一番古い記憶の範疇に入るかもしれない。幼稚園児の頃に母から聞いた話として明確に心に刻まれていることがある。つまり私は戦後三年経った昭和二三年に長崎の商家に四人兄弟の末っ子として生まれたのだが、兄姉三人と明治生まれの両親合わせた五人全員が昭和二〇年八月九日に原爆被爆を体験していた。生家は爆心地から四キロメートルほど離れた下町にあったが、当時町内の自衛団長だった父は率先してその晩から爆心地の浦上地区での救援活動に出掛けた。一週間自宅に帰ってこなくて母は随分心配をしたようだ。それでも奇跡的に助かった家族は裏庭に掘った防空壕で数日間の糊口をしのぎながら、とにかく生きていくことだけに必死だったと聞いた。そして街全体にもやっと復興の兆しが見え始めた昭和二三年六月私はこの世に生を受けたのである。両親にとっては、商家の復興と食べ盛りの兄姉三人を欠くことなく無事に育てていく目途がやっと立ち始めた頃だろう。末っ子の私自身は戦後の混乱や苦労を何も知らない。それにしても私の誕生を、家族一同が希望の象徴としてさぞや喜んでくれたことだろう。感謝の言葉もない。家族五人は私だけには、戦争の悲惨さを決して体験させまいと心から祈ってくれたと聞く。

その父は被爆から長い闘病生活の末、六四歳で私が一二歳の時に亡くなった。私には父と出掛けて外で遊んだ記憶はほとんどない。そして私がまだ小学生の低学年の頃である。廣と命名してくれた父から、「他人の意見をよく取り入れて思いやりがある心の広い人間になることを願っている」という話を聴いた。父の言葉を子供心に大変厳粛な気分で受け止めたことをよく覚えている。父から聴いたあの日の言葉が今も忘れられない。私の名前に託した父の希望は、今度は私自身の希望となって自分の人生の中で引き継いできた。ただ凡人の私には、何時も一〇〇%広い心でいられないまま、これからも持ち続けていく希望となった。

三　朱夏期の希望

人生の第二ステージである夏の季節を色に表わすとしたら、やはり太陽光の象徴でもある赤色や朱色であろう。春の季節に学んで貯えた知識を活用して愈々社会人として経済的にも自立して行動に移す季節のスタートである。学習期から実動期へとバトンタッチする時期である。小学生時に父親を亡くしたにもかかわらず、大学卒業するまでの一〇年の間、母や兄姉たちが言葉に尽くせぬ庇護と支援をしてくれた。そして東京の大学を卒業するまで色々な冒険や学習を私の思う存分にできたのは、家族という安全基地が故郷長崎にあったからだと後世社会人になってから気づいた。今度は社会人になった私が、家族という安全基地を早く持ちたいという気持ちが強かった。私にとって真の自立とは自分が責任を持てる安全基地となる家庭をしっかり築くことだと考えたからである。社会人になってから五年の歳月を経て幸い二人の娘にも恵まれて、平凡ではあるが四人の平和な家庭を無事持つことができた時は、一つの希望が叶ったと思って心の中の希望と乾杯して正直嬉しかった。そして娘たちが無事に成長して社会人として自立するまでをしっかり見届けることが、新しく父親となった私の責任であった。実際に当時の一番の楽しみは、家族が元気に成長進化する様子をこの目で確かめる事であった。ただ私が造った家庭は、過保護の誹りを免れえない安全基地ではなかったかと反省している。我が子は中々親が思い描くような子に育たないものだ。それでも人類は長い歴史の中でこのような繰り返しをしながら子孫を残して次世代にバトンタッチしてきたのだろうし、これからもしていくのであろう。

一方で入社五年間は、世間の現実にほとんど疑問を挟む間もなく一日一生の思いで働いた。そして社会人五年の歳月が経ったある日、会社の先輩諸氏の生き方に数年後の自分の姿を重ね合わせてみた。ところが自分が数年後にこうありたいと望む姿と、現実に予測できる姿との間には、かなりの乖離があることを実感するところとなった。そこには自分の努力だけではどうにも変えようがないサラリーマン人生の現実が横たわっていたのである。結局転職の道を選んだのは、職環境を思い切って変えることで、それまでの私も変えて自分が望む成長変化を新たに遂げたいと願ったからである。私の能力ではサラリーマンという大きな傘の下からは抜け出せなかったが、家族も転職に理解を示してくれたのは有難いことであった。

ただその転職時に学んだことは、私に転職を望む気持ちがいくらあっても、自力を超えた部分でご縁というものがなかったら希望は成就しなかったということである。私の場合は、思いがけず大学のゼミ時代の友人との縁が大きな働きをしてくれた。普段は途切れがちであったご縁に心から感謝している。そして転職先として私が選んだ理由は、私自身が望む一〇年後の自分像と、その外資系会社が私に求める社員像とを将来一致させるべく私自身が努力できると確信したからである。

また朱夏期に入って社会人として働くようになった私は、それまでとは比べ物にならないほど、上下左右と実に多くの人間関係を結びながら忙しい時間を過ごした。やはり毎日があっという間に過ぎたのは、小学生時代の時間の経過とよく似ている。自分で創造した希望が叶うように努力している時は時間が早く経つものである。一方で青春時代にはなかった、幅も広く奥行きも深くなった人間関係を最初はストレスに感ずることもあったが、書物で学んだことよりも他人とのコミュニケーションから学んで身に付けたものが、人生ではずっと実践的に役立つことを度々体験した。朱夏期の学習は、座学より実学に依るしかないのである。

そしてあっという間に過ぎた転職一五年後の四四歳の時ロンドン単身赴任の辞令が出た。単身赴任の社命に従ったのは家族の協力もあったが、単身のハンディキャップを寧ろ自己変革のためのアドバンテージに利用することを考えた。仕事以外の部分で覚えた自炊する喜びは、帰国後も続いて現在に至っている。ところでイギリスで働きたいという願望はもともとあった。それは大学卒業前後の二〇歳頃から読んだ『坂の上の雲』（文春文庫）が私の希望の源泉となっていた。史実に多少のフィクションを交えて、明治維新以降の日本が欧米列国を手本にして近代国家樹立を目指す様子を描いた司馬遼太郎の近代長編歴史小説である。三百年にわたる江戸時代の泰平の世から目覚めてできた明治国家は、坂道の遥か向こうに棚引く雲を欧米の近代列強諸国に見立て、その雲に届かんとして国を挙げて努力したという物語である。作者は学校の歴史で学んだ書上の知識を、人間描写に主体をおいた歴史小説という手段で見事に私の眼前に展開してくれた。特に外資系会社に転職後の私を大変刺激するものであった。そして私にとっては、メイフラワー号の移住以降アメリカをはじめ世界中で多くの植民地を有したイギリスが、歴史的にも文化的にも世界中の英語圏グループの頂点に立つ伝統国家として、正に私の心の中の坂の上の雲のような存在となった。転職先をイギリスに本社がある会社を選んだ理由の一つでもある。こうして私は四四歳の時に新たな希望を抱いて、人生の白秋期へと突入していくのである。

四　白秋期の希望

秋が被っている冠の色である白色は、心に感じる特定の色や形を描く前の状態で、いい意味で自分自身の希望で何色にも染められる可能性を秘めている色といえる。また何も描かれていない状態の白色自体は、平等・平和・祝福・純粋など理想的にバランスのとれた真新な心の状態を象徴するものでもある。一方で、テレビのブラウン管上の白色がそうであるように人間の目に白く見えるためには、赤・緑・青のまったく違う三つの光を適切な比率で混合すれば表現できる色だという。このように元はまったく違うこの光の三原色それぞれの強度を変えて重ね合わせれば、ほぼすべての色をいかようにも再現できると聞く。例えば赤と緑の光だけを重ねると黄色に、緑と青だけだと空色になるという。人間のその日の気分は、まるでこの三色の重ね具合で日々違って表れてくるようで面白い。

逆に人間は心の三色のバランスを良く保って白色の状態で中々いられないということでもある。私も人並みに、ある日は赤く尖がった日もあれば青く憂鬱な日もあるが、望むべくは普段から心の色のバランスをなるべく均等に保って白色の心の状態で居たいものである。心が白色の状態で人の話を聴ければ、きっと父の遺言でもある広い心を持つことができるのであろう。このような白色のイメージは日本の秋から感じる季節感にも似ていて、人生の半ば過ぎに自分の生き方を見つめ直すのにふさわしい白秋期だと言える。

ところで人生の中年期に差し掛かる四四歳からの三年間を日本から一万キロも離れた異文化圏で単身生活をしたことは、時間に換算したら長い人生の五％にも満たない実に短い期間であるが、一方でその後のものの考え方や仕事に与えた影響たるや大変大きいものがある。小学生の頃、初めて集団生活を体験する少年のごとく、毎日が初体験のことばかりで自分が大きな変化成長を遂げるのに絶好な機会を人生半ばに持つことができたのである。私にとっては、自分が変わりながら明るい心で生きていくという希望を叶える絶好の機会でもあった。また心身ともにバランスよく健康に暮らすことができて、駐在期間中一度もドクターのお世話にならないで元気に暮らすことができた。人間は肉体と心のバランスを保ってこそ元気に生きていけることを人生半ばに異国で実感するところとなった。

このように私の白秋期は四四歳に始まるわけだが、三年間の駐在が契機となって私自身が自分を変えようと願って関心を持ち始めたことが大きく二点あった。第一点は私にこれほど大きな影響を与えてくれた異文化圏の人たちの精神的支柱に関すること。第二点は日本人の自分とは一体どのような存在なのかということである。前者に関しては、私が暮らしたヨーロッパ文化圏の人たちがもともとキリスト教との深い関わりを持って歴史を刻んできたと言っていいだろうが、大きな文脈でみればキリスト教の思想の根本にある愛（アガペー）の原理や、神の存在と意志を受け入れるというところに共通の思想があるように思う。それが長い歴史を経てキリスト者たちの人生観を生み、社会的システムにも繋がっていっているように考えたのである。このような意味での異文化圏に住む人たちの精神的支柱であるキリスト教について深く知りたくなったのである。それは世界史や哲学にも絡んだキリスト教的世界観についてある程度は知っておくことは、現地でビジネスをやる上でも当然最低限必要なことでもあった。このようにして私は四四歳時に生まれて初めてキリスト教に興味を抱くようになったのであるが、実際にその学習時間が十分に持てたのは、帰国後二〇年ほど経て会社勤めも辞してからである。そして玄冬期に入った現在も、間に合うでもなく間に合わないでもなく聖書を読み始めたり、キリスト教に関する書籍を読む機会が最近多くなって来たのである。

また二番目の関心に関しては、最初は現地法人の私へのリクエストに応えることから始まった。つまり彼らは日本への本格的進出をもともと目論んでいたのであるが、正直その割には日本人に関する理解は私の想像以上に少なかった。日本に関する誤解も少なくないと感じられたので、毎週月曜日に二時間を日本を知るための勉強会に時間を割くことになったのである。私は彼らへの説明の準備を週末に行ったが、海外に住んだ私自身が改めて日本を観なおす絶好の機会を得たのである。つまり彼らの精神的支柱であるキリスト教を理解することと、その海外からある距離をおいて日本国や日本人、さらには私自身を観察することが交叉して、自分の人生の過程において大変意義深い三年間の経験であった。生きた教材に囲まれた私は、やはり座学より実学を通してを学ぶことが多かった。人生生きていること自体が、日々学習なのだろう（駐在期間に日英を比較して感じたことを帰国後に「日英の懸隔[1]」として異文化の話としてまとめた）。

そして遅蒔きながら自分の存在を見直したくなったのは、このような白秋期最初の体験の延長上に必然性をもって芽生えてきたといっていいだろう。例えば自分の仕事においても、朱夏期まではいかに人間は行動すべきか（How to do）ということを常に優先していたのが、白秋期に入った私は、人間いかに存在すべきか（How to be）ということを最初に考えるようになったのである。もちろん自分の存在がどのようなものか一生掛けても答えが出るものではない。またあまりに自分の存在を深く問い詰めると、特に私などは間違いなく自分自身が嫌になってくるのではないだろうか。人間とは何ぞやという難しい命題に取り組みたい気持ちはほどほどに持ちながら、凡人はその真理を明らめることができないと諦らめて死んでいくものなのだろう。そう思うことで随分気が楽になるものである。

総じて私の場合は、白秋期に初めて外から内へ気を配るようになった。昔読んだサンテグジュペリの『星の王子様』で、彼が主人公に言わせしめているように、「目に見えるもの

（外面）より、目に見えないもの（内面）に人生の真実が隠されている」ことに気づくようになった。名作は読み返すたびに、新たな感動を持つことができるものである。人間は内面のあり方が大切であるという点に限って言えば、白秋期は来たるべき内面重視の玄冬期へ向けた準備期間であると位置づけられまいか。

それは人間にとって過去より今やこれからの将来が大切であって、過去は今生きているための貯えだと考えて、まず今を全力で生きたいものである。過去の貯えの内、目に見える例えば金銭物品食料等はなくなる可能性があるが、希望もそうであるように目に見えない精神的遺産は何度活用してもなくならないどころか、使えば使うほど玄色の黒い光を放ってますます輝くものである。

五　玄冬期の希望

さて希望にまつわるお話は、人生の最終コーナーである玄冬期にバトンを渡そう。私の場合は、六三歳に勤めを一切引退した時が玄冬期のスタートであった。白秋期まで毎日変化成長して生きていること自体が「希望」そのものだと主張してきたが、玄冬期も変化をし続けて昨日より今日は少しでも進化している私でありたい。

ここまで過ごしてきた三つの季節を簡潔に、「春は再生、夏は行動、秋は実り」と表現すれば、「冬は心」と言えるのではないだろうか。残された人生の時間は誰も知ることはできないが、この時期はどうしても活動的というよりも内省的にならざるを得ない。それは人生において必至の三苦、「老・病・死」に特段備えるということではなく、普段から人それぞれに三苦の受け止め方に思いを巡らすのは、ことのほか有意義なことだと感じる時があるものである。

もちろんやり残したことはまだまだ沢山あるので死までの時間は少しでも長くあって欲しいが、さりとて天命に従うまでである。そして玄冬期にも自分が変わり続ける希望というのは、正直目に見える部分の成長ではなく、目に見えない部分の心の成熟なのだろう。人間は秋の実りを十分に味わい尽くしたら冬は心の成熟に専心するがいい。ワインも秋に収穫したブドウを、時間を掛けて静かに樽の中で熟成させたらよいワインができるのである。

要は思い通りにいかないのが人生であるが、終わりよければすべてよしという。ハッピーエンドとはお金を沢山残して終わることではなく、自分の心が幸せな状態で人生を終わることである。

そもそも玄冬期の玄の色は、単なる黒色とは違う奥深い重厚な輝きのある黒色である。例えば絵の具の各色を混ぜ合わすと黒色に近くなるそうである。例えば漆塗りの黒色を見つめていると、下地に季節の三色である青色も朱色も白色も塗ってあるかのごとく黒光りする玄色を感じるようなものである。私の冬の季節も過去三つの季節の約六〇年間の経験を積み重ねてきた集大成の玄冬でありたい。四季四区間のリレーに例えれば、最終区の玄冬期は人生最後のコーナーを曲がってゴールを目指す最終区である。ゆっくりしか歩めないが、締める鉢巻きの色には玄色が一番ふさわしいのではないだろうか。

そう言えば日常に紛れて、今まで歩んできた道を振り返ることさえ忘れている昨今である。自分だけの心の中にしまってある六〇年余のアーカイブズ（保管場所）の目録を一度ゆっくり眺めてから、玄冬の道を歩み始めるべきであろう。最後に希望を抱いて雪道を歩んでいく上での道案内として役に立ちそうなもの四点を思いつくまま選んで以下ご紹介したい。

六　玄冬期の道案内

1　ニーバーの静穏の祈り

私がアメリカの自由主義神学者であるR・ニーバーを知ったのは、還暦祝いに戴いた本の一部分に紹介されてあったものを、三年後の退職時にふと思い出して偶然に本を開いた時であった。このように彼の祈りの言葉（静穏の祈り）との出会いは、私が必死に求めるというのではなく、何かの働きで導かれるようにして出会った不思議なものである。退職時の私の心に大変響いた言葉で、玄冬期の道案内の一つとなりそうである。

ところで私は二〇一一年末、六三歳時に会社勤務を一切辞めて玄冬期に入ったわけであるが、同年三月一一日に東日本大震災に見舞われた。地震と津波という自然災害の前には人間がいかに無力な存在であるかを心底思い知らされた年であった。静穏の祈りは、人生の難局に陥った時に立ち上がろうとする人に向けて宗教学者ニーバーが掛けた言葉だと伝えられている。実際に震災被害者でもない私が言うのは大変おこがましい話であるが、もし自分がどうしようもない人生の難局に陥って、それでも立ち上がって歩み出し始めるときに、この静穏の祈りを口にして手を合わせたら、少しは希望の光が見えて気が楽になって救われるような気がしたのが正直な気持ちである。現実に玄冬期の最初にニーバーの祈りを知って、私には希望の匂いを感じとることができた。

さてニーバーの祈りは三つのキーワードで構成された御祈りである。以下に紹介するのは私自身の会社勤めの経験に基づいて勝手に自分流に解釈したものである。この御祈りが時空を超えて世界中誰の心にも普遍性を持って勇気や希望を与えてくれていることは否めない。そのキーワードは「静穏・智慧・勇気」である。私は短いニーバーの言葉を英語を諳んじて、自分が置かれた人生折々その時の状況に応じて、私流にこのお祈りを繰り返すことが多い。

（1）人生には色々な難局が訪れるが、まず現実をそのまま静穏に受け止めよう。

（2）難局の中には自分の力で変えられる部分と変えられない部分があるので、経験して貯えてきた知識や智慧でこの両者を自分で見分けてみよう。

（3）そして変えられると思う部分を自分で変えていく勇気を持ってできる努力から始めよう。その勇気こそが希望が持っている力である。

それまでの私は企業人として、一見変えられないと思われる部分に対しても何とか変えてみようとチャレンジすることを一つのモットーとしていた。現実を変える勇気が企業を発展させるからである。今思えば随分と向こう見ずの行動もあったように思う。特に朱夏期には若い体力が、私の無理を背中から後押しした。また企業人としては置かれた環境を逆に特徴ある資源と受け止めて、その活用を試みたりもした。しかしながら玄冬期を迎えた私は、抵抗し難い現実（老・病・死）と直面するようになってくるのである。つまり最近は自分の力で変えられる部分の見極めが段々と小さくなっていって、まあ仕方がないと諦める部分が多くなってきたことも否めない。結局玄冬期の私にはニーバーの祈りは左記のようにかわる。

「神よ、自らを変える勇気（希望）と避けられない苦を受け入れる静穏な心を与えたまえ」。

2　青い鳥再考

人間が希望を持っていることは取りも直さず生きているということであり、逆に生きているから希望を持つのである。私は最初に定義したように、「希望は心を明るくするエネルギー」であることを信じて疑わない。つまり人間が希望を持つのは、心を明るくして生きていることが幸せだと思うからである。

地球上の人それぞれに七〇億種類の幸せがあっていいのだが、実際に古今東西の思想家、文学者、神学者家たちは、人間が乞い願う究極のテーマである幸せについて数多の著作を残している。私はその中で『青い鳥』（M・メーテルリンク作）を取り上げて希望について考えたい。個人的な話で恐縮であるが、私自身は小学校三年生の学芸会で青い鳥を探しに行くチルチル役で、人生最初で最後の主役舞台を踏んだ懐かしい思い出がある。図書館で読んだ原作はノーベル賞作家が書いた童話劇で、小さい子供にこの作品の人生や幸せに関する奥深さを理解できていたわけがない。簡単にあら筋を紹介すれば、樵の兄妹が魔法使いの御婆さんから、孫を救うために青い鳥が必要だから探して来てほしいと頼まれて二人は方々に探しに出掛ける。一度持ち帰った青い鳥が青色でなくなったり、死んでしまったりして結局見つけて帰れない。ところが空しく家に帰ってよく室内を見たらもともと家で飼っていた黒色の鳥が実は青色の鳥だったのである。御婆さんにあげて、めでたし、めでたしというわけだが、肝心のその青い鳥はといえば籠から逃げて居なくなってしまうというものだ。

学芸会の小劇の指導者でもある担任の先生には、「廣君、幸せというものは自分には気づかないが案外身近に転がっているものだ。もし幸運にしてそのような幸せに巡り合うことがあったら、必ず逃がさないように大切にしなさい……」というような主旨の解説を加えてもらったのである。パンドラの箱のギリシャ神話同様に、読み手によって幾多の解釈が成り立つがゆえに世界中で読み継がれた名作の名作たる由縁であろう。私にとっては、道徳科目的な教訓として九歳の子供には大変納得のいく話で、大人になっても大切に心にしまっておいた作品であった。六〇年近くも昔に小学生の学芸会で出会ったメーテルリンクの『青い鳥』を、本稿の執筆を機に今回改めてもう一度自分自身で見直してみた。当時教えて貰った担任の解釈は決して間違いではないと思った。それでも今日の私には青い鳥そのものがかなり違った形で心に響くのである。六〇年の経験を経て青い鳥や幸せとかを観なおせば、新たな輝きを放って心に訴えてきたのである。五〇年後の人生の玄冬期に入った私の青い鳥に関する解釈はこうである。

幸せとは……

（1） 向こうから簡単にはやって来ないし見つけ出そうとしても中々見つからない。

（2） 他人から言われるのではなく今までの経験を基にして自分で創造するものである。
（3） 自分で創造したり実感した幸せは、裏切ったり逃げて行ったりしないで長く自分の傍に居てくれる。

青い鳥を希望と置き換えてみたら、わかりやすいのではないだろうか。

他人から頼まれて苦労して探した青い鳥は意外にも足元に居たがすぐまた逃げて行ったのであるが、まるで人間の一生を示しているようではないか。でも玄冬期の私としては、心を明るくしてくれる青い鳥には死ぬその間際まで一緒に居たいものだ。つまり青い鳥はまさに「希望」そのものである。そして自分で創造して納得する幸せに包まれて、死を静穏に受け止めたいものである。

さてここまで書いて、皆さんはもう気づかれたのではないだろうか。今度は本稿の冒頭に引用した「パンドラの箱」のことである。蓋を開けたら地上界にあらゆる厄災が飛び出してきたというゼウスが人間界によこしたあの箱である。厄災が飛び出した後の箱の片隅に最後まで残されていたのが「希望」だという。そしてパンドラの箱に残された「希望」と、メーテルリンクの青い鳥が示唆する「幸せ」とがピタリと私の心の中で重なり合うのである。私には全能神ゼウスが人間に示唆したものを、メーテルリンクは幸せの青い鳥に託して童話劇に仕上げたとさえ思えてくる。希望も幸せも黙してそっと鎮座しているだけで、まさに自分の力で創造してこちらから求めなければ存在さえしないもののようだ。たまたま向こうからやって来る「幸せ擬き」を喜べる機会は人生よくあることかもしれないが、自分で創る希望の実現でなかったら青い鳥のように、すぐまた逃げてしまうことをこの物語は警告してくれている。

そして小さい頃に知ったギリシャ神話のパンドラの箱の物語の寓意に関してヘシオドスはもちろん何も示唆していない。神の計らいとは単なる贈り物とは違う。人間自らの弛まぬ努力を必要とするもので、それは人間全体の進化発展に通じるものである。進化発展することは人類共通の希望でもある。希望は人間自らが創りだすもの、そして自分で障害を乗り越えて努力をすれば希望は必ず叶うものである。人間はかつては夢だと諦めていた、空を飛んだり宇宙までにも行ける時代になった。一人ひとりが失敗を繰り返しながらも小さな努力を積み重ねたから現実になったのである。希望とは人間自らが変わりながら新しいものを創造する努力をすることである。そうすれば後世になってでも希望が叶う時が必ず来るのである。

3　人間の創造性について

このようにニーバーの言葉や青い鳥が私たちに投げかけているメッセージは、自らが変わりながら新しいものを創造する世界に一つしかない希望を心に刻むことの大切さを訴えているものである。その際人間が希望を持って自分に変革を加えながら進化していく上で最も大切なことは、自分で新しいものを創り上げるという創造力を持ち続けることだと言えそうである。正直この年齢になって記憶力にも自信がなくなり、希望への意欲も薄れがちになっていく自覚を覚える今日この頃であるが、玄冬期の気持ちが少し明るくなるニュースを聴いたのでここでぜひご紹介したい。脳科学の観点から創造性に関して述べている。

人間はどんな天才と言われている人でも、自分がまったく体験していないことをベースにして新しいものを創造することは、思いつきも含めて不可能なことであるらしい。逆に言えば創造力の源としての知識や智慧や体験を自分のアーカイブ（保管庫）として上手に脳の側頭葉と言われる部分に蓄えたら、次にはそれを引っ張り出す力が問題となる。その力は、自分があのようになりたい、このようなものを創りたいという各人の意欲そのもので、脳の前頭葉と言われる部分に強弱をもって存在するらしいのである。つまり自分だけの創造性を発揮できるのは、過去の知識や体験のアーカイブと自分が変わりたいという希望の強弱である意欲を掛け合わせたものだと脳科学者たちは結論づけるのである。

これはアーカイブの量を若い頃のように急激に増やせない私には大変な励ましになる科学者の言葉である。私たち玄冬期の人間は、年の功ではないが多くのアーカイブを持っているはずである。問題は希望（自ら変わりたいという意欲）の強弱次第で、創造性を発揮できるか否かが決まると言われれば、自己を変革したいという希望の意欲が強い老人こそが最強老人と言えそうである。

4　希望と努力

希望を持ったらその実現には多少の努力が必要なことは当然のことである。多少と書いたのはもちろん例外もあるが、自分自身で心に刻んだ希望だったら、周囲の人からは信じられないほどの努力を自然とできるものである。一方で世間一般に誰もが望む希望だったら、青い鳥ではないが、捕まえたと思ってもすぐ逃げてしまう。努力にも熱が入りにくいものに成ってしまいがちである。少し逆説的に変換して言えば、「努力をする人は希望を語り、怠ける人は不満を語る」と言えそうである。希望自体にはもともと強弱はないけれど、大切なことは、何が何でも自分がそうありたいと願う希望だったら、自ずと努力にも身が入って結果実現することが多いということである。一度しかない自分だけの人生だから、人それぞれ自分が納得する人生を歩めばよいわけだが、希望を語っていれば不思議と努力する気持ちになり、逆に不満ばかり言っていると不思議と怠けるようになることを、自分に限らず誰もが人生で実感するものである。難局に陥って希望も持てず閉塞状態だと嘆くのは、自分の周りに壁があって外に出られないのではなくて、自分を変えようとしないことに他ならないと私は感じる。

そしてストレスが原因で心身の病気になってしまったら本末転倒の話であるが、人間はストレスに向かいあって努力を重ねているうちに、別のストレスにも強い人間に生まれ変われるものである。希望がパンドラの箱の隅に置いてあったのは、強い希望を持った人間には同時に努力ができる能力をお与えになって、人類の進化発展の大きな原動力となり得るという期待をされたのではないだろうか。全能神ゼウスから人間に対する丁重な贈り物が希望である。受け手側の人間には、努力をして希望を実現する義務が当然あるはずだ。

さいごに

希望に関して、およそ二〇年間ごとの三つの人生になぞらえて振り返ってきた。現在六八歳の私は最後の玄冬の季節を歩み始めたばかりであるが、これからも過去の季節と同じように自分が変化成長しながら生きていくという希望の本質を心に刻んで天命に従って生きていきたい。

我々は生まれてくる赤ちゃんや小さな子供に出会うたびに、何か心が明るくなって希望の光を誰でも感じるものである。これは彼らがこれからきっと変化成長を重ねて人類の進化発展に貢献してくれることを願って、自然と彼らと微笑みを交わしていることに気づいたのである。

ところで「希望の本質は自分が変わること」だということは、子供たちに微笑む話ばかりではない。実は二〇〇九年オバマ米大統領の就任演説から私は希望の本質を喚起されたのである。彼はアメリカ合衆国のリーダーとして、アメリカの抱える課題が多い現状を、これから自分が変えると宣言すると同時に、国民に対しては、「変わろう! 我々はできる」(Change! We can.) と叫んで、国民自らが変わって一緒に前へ進むことを求めたのである。確かに希望を叶えるにはまず自分が変わらなければ何もできない。彼は自らが前例を変えて、現役の米大統領として初めて被爆地を訪れて核兵器を地球上からなくしていく宣言をした。そして核兵器が拡散しかねない現実にストップをかける勇気を一緒に持とうと訴えたのである。自分にも何ができるかを考えて彼の大統領を辞した後の行動に大いに期待するところである。

またガンジーも、かつてインドがイギリスの植民地から独立する時の英語のスピーチで、国民に変化を求めて独立の希望の光を多くの人に投げかけた。英語のチェンジという言葉が希望の本質を表していることを指摘したい。人間の肉体は当然変化しながら生命を繋いでいるが、それは幸せになりたいと心で望んで自らが変化して生きていることに他ならない。私も死ぬまで自分が変わり続けていたいものである。

私は本稿を「希望という名の人生」と題した。W・ワイラー監督の「欲望という名の電車」を喚起された方もおいでだろう。確かに、人生は欲望に満ちた人間が満員電車に乗り合わせて生きているようなものである。しかし私は動物でも持てる欲望は当然のこととして、神から与えられた人間だけにしか持てない希望を抱いて心を明るくして生きていくのが人生だという思いからこのタイトルにした。

注

（1）「日英の懸隔」は、『月刊ドラッグマガジン』（一九九八年五月号から二〇〇〇年一二月号）に三二か月連載された。

あとがき

日本史の中で、「希望」の人物といえば、多くの名前を挙げることができるが、わたしは幕末の志士の一人、坂本龍馬（一八三五―六七〔天保六―慶應三〕）ではないかと思う。数々の不運に直面しながらも、生来の明朗さを忘れず、前向きの希望と知恵をもって短い一生を突き進んでいった偉人だからである。一例を挙げると、日本最初の貿易会社・海援隊を立ち上げたが、当初なかなか船が手に入らなかった。やっと手に入れ、意気揚々と船出をしたところ、その船が沈没してしまうのであった。これが日本最初の蒸気船同士の衝突事故「いろは丸事件」である。衝突したのは紀州藩の蒸気船・明光丸であった。龍馬たちは明光丸に乗り込み、命は助かったが、借りていた大事ないろは丸は沈没し、積み荷は海に沈んでしまった。

明光丸の過失を主張するが、相手がご三家の紀州藩、万が一にも勝ち目がなかったけれども、そこは龍馬である。相手に非を認めさせ、賠償金を取るのに作詞作曲で立ち向かったのだ。

「♪～船を沈めたそのつぐないは金を取らずに国を取る　はあ～よさこいよさこい♪国を取ってミカンを食らう♪　よさこいよさこい～」

「そんなに逃げていると金を取らずに国ごとのっ取って、和歌山のミカンを食べちゃうぜよ、よさこい、よさこい」と歌い、町でみんなに歌ってもらい、世間の注目を集めさせ、紀州藩が逃げないように策した。

しかも、裁判を幕府主導でやらせたら勝ち目がないので、『万国公法』という国際ルールブックを持ち出した。

しかも、交渉の場では、「龍馬、何をグズグズしてるんだ！　アホか、お前！　ボケ、カス！」「龍馬、交渉なんてぬるいぬるい。紀州藩ごとき、国ごと取ればいいんぜよ」といじめられるのである。これも演出だが、紀州藩の連中は、海援隊の連中を怒らせると、ご三家の面目にもかかわることになると考え、莫大な賠償金を支払って和解したのだった（以上の史実や故事は、ひすいこたろう・柴田エリー共著『絶望は神さまからの贈りもの』ＳＢクリエイティブ株式会社、二〇一六年、九一～九五頁より引用）。

わたしは希望の偉人、坂本龍馬が好きだったので、二〇一六年二月に友人と二人で初めて土佐の高知を訪ねた。素晴らしい天気に恵まれ、土佐湾に面した桂浜公園の小高い丘には立派な坂本龍馬の銅像が立っていた。その眺望は素晴らしい。龍馬は恐らくこの丘から遥か彼方の太平洋や異国を夢見ていたにちがいない。そう想像すると自分も興奮するのであった。

人は何を希望するかによって、顔つきも変わってくると思う。聖書のたとえ話の「放蕩息子」（ルカ15・11―32）にあるように、父から自分の財産の分け前を貰って旅に出かけた息子は、旅先で放蕩の限りを尽くした。無一文になった息子は、飢えを満たすために、ある人の豚の世話をする仕事にありつくが、豚の餌のいなご豆さえ与えられなかった。こうしたどん底の境遇に立ち至って、息子は初めてわれに返った。息子は気がつくのである。そして、父の許に帰ろうと決心した。その時の、自己問答を記すと、「父のところでは、あんなに大勢の雇い人に、有り余るほど、パンがあるのに、わたしはここで飢え死にしそうだ。ここをたち、父のところに行って言おう。『お父さん、わたしは天に対しても、またお父さんに対しても罪を犯しました。もう息子と呼ばれる資格はありません。雇い人の一人にしてくださ い』」と。そして、息子は家に帰っていった。息子の姿を見た父は、走り寄って息子を抱擁し、最上の洋服、指輪、履物などを与え、みんなで喜び祝うのであった。

息子にとって、「父がいるわが家」があることが、希望の源であった。人類にとっての帰るべき家とは「天国（神の国）」という処である。それがあるからこそ、人は、いかなる境遇やいかなる目に遭おうとも、絶望することはない。どんな人もいずれ神のいるわが家に帰るのである。けれども、それを無意識に行うか、意識的に行うかは天地の差がある。意識的に行うことが、「救い」なのである。本書が企画されたのも、その目的のために少しでも役に立ちたいからにほかならない。

本書の出版にあたって、筆者の皆様はむろんのこと、発売元の教友社の阿部川直樹社長には、一方ならぬご尽力・ご協力を賜った。紙上を借りて深く感謝したい。

二〇一六（平成二十八）年十一月五日　イエズス会の諸聖人の祝日

編著者

ホアン・アイダル

イエズス会司祭。上智大学神学部教授。専攻はキリスト教と哲学・現代ユダヤ教思想。
論文：「H・U・フォン・バルタザールの人間理解」『上智人間学会人間学紀要』32 号、“La santidad inútil. La relación entre la ontología y la ética en el pensamiento de Emmanuel Levinas.” Ediciones Universidad Católica de Córdoba. など多数。

ホアン・マシア

イエズス会司祭。1941 年スペイン生まれ。元上智大学神学部教授。専門は倫理神学。
著書：『倫理の解剖)』（南窓社）、『脅かされるいのち』（オリエンス宗教研究所）、『生命哲学』『ドン・キホーテの死生観』（教友社）ほか多数。

レンゾ・デ・ルカ

イエズス会司祭。上智大学文学部哲学科、上智大学大学院神学科卒。九州大学大学院国史学科研究科修了。日本二十六聖人記念館館長。キリシタン史専門。
著書：『旅する長崎学（1）』（共著、長崎文献社）、『神に喜ばれる奉仕　十二人の信仰論』（編著、サンパウロ）、『祈り』『愛』（編著、教友社）。

太瑞　知見（たいずい・ちけん）

曹洞宗玉峰寺住職。たまみね保育園園長。薬剤師。九州大学大学院（薬学）、駒沢大学大学院（仏教学）修了。
著書：『お釈迦さまの薬箱』（河出書房新社）。

高柳　俊一（たかやなぎ・しゅんいち）

イエズス会司祭。上智大学文学部英文科、フォーダム大学大学院から博士号を受ける。ドイツのザンクト・ゲオルゲン神学院にて神学研究、神学修士号。元上智大学文学部英文学科教授。上智大学名誉教授。
編著書：『英文学とキリスト教文学』（創文社）、『カール・ラーナー研究』（南窓社）、『T・S・エリオット研究』（南窓社）、『近代カトリックの説教』（編、教文館）。

竹内　修一（たけうち・おさむ）

イエズス会司祭。上智大学哲学研究科修了、同大学神学部神学科卒業、Weston Jesuit School of Theology（神学修士）、Jesuit School of Theology at Berkeley（神学博士）。上智大学神学部教授。専攻は倫理神学（基礎倫理、いのちの倫理、性の倫理）。
著書：『風のなごり』、『ことばの風景』（教友社）、『希望に照らされて』（共著、日本キリスト教団出版局）、Conscience and Culture : A Dialogue between the West and the East concerning Conscience（LAP LAMBERT Academic Publishing, 2010）。

武立　廣（たけだち・ひろし）

1948 年長崎生まれ。外資系会社におけるサラリーマン生活を 63 歳で切り上げた後に、上智大学の宗教学や哲学講座等を受講。越前喜六同大学名誉教授の聖書読書会（かつらぎ会）で現在まで聖書を読み続ける。両親と兄姉が長崎で被爆した家庭環境から、幼少時から世界平和を強く希求している。

著者紹介（50音順）

越前　喜六（えちぜん・きろく）

イエズス会司祭。上智大学哲学研究科および神学研究科修士課程修了。上智大学文学部教授を経て上智大学名誉教授。専攻は人間学・宗教学。
著書：『多神と一神との邂逅──日本の精神文化とキリスト教』（共著、平河出版社）『人はなんで生きるか』（聖母の騎士社）、『わたしの「宗教の教育法」』（サンパウロ）、『神に喜ばれる奉仕』（編著、サンパウロ）、『祈り』『愛』（編著、教友社）。

岡野　絵里子（おかの・えりこ）

1958年東京生まれ。詩人。詩集『発語』（思潮社）日本詩人クラブ新人賞、『陽の仕事』（思潮社）日本詩人クラブ賞など。淑徳大学公開講座講師。ニッポン放送「心のともしび」寄稿者。現在、聖書新翻訳事業に携わる。

具　正謨（く・ちょんも）

イエズス会司祭。上智大学神学部教授。神学博士。専攻は実践神学、典礼神学、秘跡神学。
著書：『典礼と秘跡のハンドブック』Ⅰ～Ⅲ、『論集──典礼と秘跡』（以上、教友社）など。論文も多数。

鈴木　伸国（すずき・のぶくに）

イエズス会司祭。上智大学神学部STB取得、同大学院哲学研究科終了（哲学博士）。上智大学文学部哲学科准教授。専門は近代ドイツ思想、哲学的人間論、認識論。
著書：「メルロ・ポンティの〈眠り〉とプレスナーの〈笑い〉」（『人間学紀要』2015）、『フィヒテ全集』第1、14巻（翻訳）。

本文の聖書引用は、おもに『新共同訳』（日本聖書協会）を使用させていただきましたが、一部に、『新改訳聖書』（いのちのことば社）のほか、執筆者の私訳なども含まれています。

希望——ひとは必ず救われる——

発行日………2016 年 12 月 3 日 初版

編著者………越前喜六

発行者………梶山義夫

発行所………イエズス会管区長室

102-0083 東京都千代田区麹町 6－5－1

TEL03 (3262) 0282　FAX03 (3262) 0615

発売元………有限会社 教友社

275-0017 千葉県習志野市藤崎 6－15－14

TEL047 (403) 4818　FAX047 (403) 4819

URL http://www.kyoyusha.com

印刷所………株式会社シナノパブリッシングプレス

ISBN978-4-907991-30-2　C3016

落丁・乱丁はお取り替えします